智能零售

全新的技术、场景、消费与商业模式

王超 刘立丰〔著〕

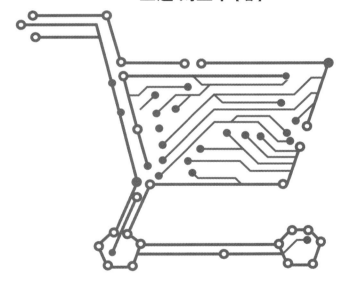

ZHEJIANG UNIVERSITY PRESS
浙江大学出版社

图书在版编目（CIP）数据

智能零售：全新的技术、场景、消费与商业模式 /
王超，刘立丰著 . —杭州：浙江大学出版社，2019.3
ISBN 978-7-308-18891-3

Ⅰ . ① 智… Ⅱ . ① 王… ② 刘… Ⅲ . ① 零售业－研究
Ⅳ . ①F713.32

中国版本图书馆 CIP 数据核字 (2018) 第 301549 号

智能零售：全新的技术、场景、消费与商业模式

王超 刘立丰 著

责任编辑 程一帆

责任校对 程曼漫 杨利军

封面设计 VIOLET

出版发行 浙江大学出版社
（杭州市天目山路 148 号 邮政编码 310007）
（网址：http://www.zjupress.com）

排 版 杭州中大图文设计有限公司

印 刷 杭州钱江彩色印务有限公司

开 本 710mm×1000mm 1/16

印 张 14

字 数 154 千

版 印 次 2019 年 3 月第 1 版 2019 年 3 月第 1 次印刷

书 号 ISBN 978-7-308-18891-3

定 价 45.00 元

全书检索

　　如果你需要寻找本书中的任何概念、定义，以及关键词，你可以直接扫描二维码进行在线检索。

首先，我们真诚地把本书献给数字时代的智者——北京大学陈刚教授。

其次，要特别声明的是，本书中所提到的"数字生活空间""服务化""社会协同""规模化个性化需求""沟通元"等重要概念，均来自陈刚教授的创意传播管理理论，具体文本可以从陈刚教授的书、论文和演讲稿中找到，我们并没有严谨地使用标注。

在看过书名、听过本书的主要内容之后，绝大部分的朋友都会把我们想表达的新零售和渠道、铺货之类的放在一起说，还会推心置腹、语重心长地跟我们讲："啊呀，你们做互联网营销的是不是吃不上饭了？现在转过来做零售，隔行如隔山啊。"这话往往还伴着满眼的关爱加上一声温暖的叹息。

"新零售"是马云先生提出的一个词，其起点在零售，但就过程、终点甚至整个体系而言，零售部分占比却少之又少。其他人也在说这件事，但他们的表述和使用的名词又是不一样的。新生事物嘛，大家都还不清楚其具体内涵。这也是我们打算写这么一本书的原因。有越来越多的人讨论"新零售"，就证明"新零售"是有价值的，也就坚定了我们写这本书的决心。

"新零售"不是零售，或者说不只是零售。我们在书里用了"新零售"这个说法，是为了便于大家理解，并不是说，这就完全是马云所说的"新零售"。其实我们在好几年前就开始研究移动互联网时代的商业模式了，还写过一本叫《服务化：移动互联网时代的商业变革》的书。所有这些事情，其实都来自同一个源头，即创意传播管理理论。

这里要特别感谢陈刚教授。他早在10多年前就提出了现在刚刚能看出端倪的创意传播管理理论。起初我也不理解，但是越深入了解和研究，越广泛地看到和分析案例，就越会发现，这个理论中的一些基本原理是极具广泛性、前瞻性和指导性的，为我们理解这个全新的世界提供了世界观和价值观的基础。

所以，在本书中，我们几乎是完全在运用创意传播管理理论中有关世界观和商业模式的一些概念和方式，来分析所谓的新零售现象。不论你现在所理解的新零售到底是什么样子的，希望你在看完这本书之后，能够对我们所说的服务化新零售有一个全局认识。

我们不推崇具体的实操方法和秘籍，方法因人而异，不存在通用而且一用就灵的秘籍。其实更靠谱的，是我们去了解一件事情的原理和本质，了解它的发展规律，然后将之与我们自身的环境和资源、我们未来的发展方向结合起来，思考只属于我们自己的解决之道、制胜之道。如果真的有什么咒语或神功秘籍，让人一用就能成为亿万富翁，那我们国家的脱贫攻坚工作就容易完成了，那些落后地区的经济发展也能瞬间"赶英超美"了。

对于本书，你应该按照你的情况有针对性地阅读。本书分为四个部分，即"名词""现象""本质"和"趋势"。我们在内容安排上，把"名词"这一部分尽量写得结构完整，不论是一些基本概念还是列举的案例，都在解释"新零售"这个名词的问题上，尽量通俗和详细。如果你时间有限，或仅仅希望大致了解一下新零售为何物，那你大可以重点看一下第一部分，其余部分仅作参考。

第二部分"现象"，基本上是按照服务化新零售的逻辑来分析的案例。在这里我们要说明一下，为了找到合适的、典型的案例，我们四处探寻与走访。但因为受到各种商业秘密的限制，我们只在我们分类出来的 6 个行业领域当中找到了 5 个案例。为此，我们等待了将近 5 个月的时间。或许因为目前行业当中还没有完全版的新零售出现，所以我们在这个地方留下了空白，希望能在日后的研究中发现，并填补上去。第二部分的案例中贯穿了我们的方法论和模型，只是没有特别提出来，理由很简单：企业家们太忙了。如果只是需要找一些参考，不做理论了解和学术研究的话，还是通俗简单、"公式化"的案例好一些。如果你要往新零售领域迈进，而时间又比较紧急，或者对学术理论不太感兴趣，完全可以以第二部分为核心，这里提到的实例，你可以参考。

第三部分"本质"，也就是理论的部分。弄清楚原理，看清楚本质，这样才能洞察富有动态、变化万千的市场。我们的举例，说出一万个好处，也不能覆盖所有类型的企业和行业状态，但是如果你自己清楚地看到了服务化新零售的本质所在，再以你在行业及自家企业中的功力，一定能找到比我们列举的更加精准和有用的解决方案。当然，研究和了解一件事情的本质，多多少少还是有一些枯燥和费脑子的，所以如果你需要了解这一块内容，我们提醒你备好咖啡和红牛，备好足够的脑汁和耐心。

最后一部分"趋势"，说的是未来。都说不抬头看路是很危险的，所以我们要根据理论当中所体现出来的趋势进行推演，帮大家简单描述一下未来的样子，也算是给大家预测一下，在未来的世界里，新零售到底会怎么发展，这样也好帮助大家找到未来的方向，找到自己企业运行的方向。

篇幅总是有限的，在有限的篇幅当中，我们反复地表述了我们对服务化新零售的一些核心概念和逻辑的理解，希望能以这种方式让各位读者更清晰地看见行业当中纷繁混乱的新零售到底该是什么样子。

　　总的来说，我们这本书最核心的目标是帮大家理清思路，看清楚新零售到底是什么，以及如何才能把它做好。不然就像是一个家庭主妇，听到别人说松鼠鳜鱼好吃，也不问这个菜到底如何做，就撸胳膊挽袖子上树抓松鼠，再把松鼠炖到锅里。表面现象往往迷惑人，我们还是应该看清本质、弄清原理，然后再付出成本，迈出正确的一步，哪怕这一步很小，但至少方向是向前的。

王超

2018 年 2 月 1 日于北京

第*03*章　本质·"新零售"的根源和内在逻辑

第04章　趋势·"新零售"在未来如何发展及如何应用

结语　//203

致谢　//205

第 *01* 章

名词・什么是新零售

但凡讲新理念或者新思维，大抵都会先说点新鲜词。这些词越拗口，越让人听不懂，貌似就越高深。后来不知道从什么时候开始，这些词变得众人皆知了，然而我们还是不知道这些词是什么意思。或者可以这么说，这些词是标准的汉语词，但是我们却根本不知道它们要表达什么，更不知道它们的具体含义。比如前几年出现的"新媒体"一词，就着实让好多人自以为明白地懵了好久。

讲个段子。一个大企业的老总跟一个互联网传播公司的策略总监说："小张总啊，我们要做新媒体，你们给我们策划一下吧，看看我们都需要配合什么。"事实上，这几年小张总最担心的就是客户说"新媒体"这个词，因为无法判断客户说的是什么，所以貌似怎么做都满足不了客户的需求。以至于后来小张总在听到"新媒体"这个词之后，都要回头问一句："领导，你理解的新媒体是什么啊？"这往往会招来一种瞧不起的眼神，意思是"这都不懂"！

说不上是从什么时候开始，在移动互联网和现实社会中我们视线所及的地方，在网络论坛和街头巷尾的餐桌、麻将桌上，人们都在讨论一个词——"新零售"。

我觉得这种糊里糊涂的"潮流"是非常可怕的。

如果我跟大家说一个词——"超氧化物歧化酶链式生化反应"——一个纯属瞎编的词，不要认真，大家一定会说，"那咱们还是换个话题吧"。我估计没有人会投入这个根本听不懂是什么的事物当中，哪怕它再伟大，再颠覆世界，对吧？

但如果我跟大家说"新媒体"或者"创业融资"——这比起那个什么歧化酶好理解多了，你一看大家谈得风生水起，还有人挣得盆满钵满，那么你会怎么样？肯定跃跃欲试。"走，试试呗。反正就是新媒体嘛。新媒体，就是新的媒体呗，就是说现在的都是旧的，咱们来个新的就是新媒体了。就这么定了，听我的，没错。"然后哥们儿几个扛着一摞报纸就进了菜市场了。

很多人还完全没有弄懂这简简单单、看似通俗易懂的词语背后蕴含的深意，就前赴后继地在创业的机舱口排队。反正看起来都是双肩背包，也没弄清楚自己背的阿迪达斯和人家背的降落伞到底有什么区别，就这么一猛子从3000米的高空跳下去了。

如果是"超氧化物歧化酶"，我们可能还不会这么轻易地付出巨额成本去尝试，因为我们没弄懂，我们对它怀有敬畏和怀疑，就会很谨慎。但"新媒体"和"互联网"这类词，会让我们觉得它们似乎很简单，离我们很近，没什么风险，没那么神秘。

这种反应没什么错，我们每个人都会从自己已有的认知当中去寻找答案。

但问题是，我们的认知往往是有限的，而世界的变化却是循序渐进最终达成质变的。"嗨，不就那么回事儿么，至多是我们多问问别人，多了解一下，谨慎一些嘛。互联网谁不懂啊，我们天天用互联网。"可你还天天吃面粉和大米呢，又有多少人会种庄稼呀？有些事看起来很像，但走着走着，本质的区别就显现出来了。一步没跟上，步步都不好跟，不是我们不想，不是我们不努力，而是我们可能根本没有意识到"我们没跟上"。净输出些新词，却不去解释这些词的意义，这其实是很危险的。

"新零售"也是这样。

"不就是零售么，不就是超市商场么，我们把超市商场改改，升升级，就是新零售了。"如果你这么想，那你背的就是一个阿迪达斯双肩包。当你勇敢而自信地从 3000 米的高空纵身一跃的时候，那种满满的自信和对未来充满希望、充满信心的喜悦，再加上你那翻转腾挪、舒展遨游的身姿，不知道给了其他背着双肩包的人们多少激励和鼓舞。但无论怎样，缺乏"神力"的我们，背着双肩包在地心引力作用下自由下落的结果，大部分都是一声响和一个坑吧。

想想看，每年被新词影响的人有多少？那简直是"雨打沙滩万点坑"。或者说，单就"新零售"这个词而言，我们到底知道多少？我们到底有没有探清它的底细，有没有看明白双肩包和降落伞的本质区别呢？在七嘴八舌和看似纷繁复杂的"成功经验"的蛊惑下，我们能不能透过现象洞穿新零售的核心呢？

在本书中，我们开宗明义，把我们所说的新零售的概念简单地向大家解释，各位看官可以从后面的内容中逐渐体会和感受。

新零售到底是什么？

本书讲的新零售是服务化新零售，指利用数字生活空间中的一切可能性，实时化满足生活者（用户、消费者）们所产生的规模化的个性需求。这是从北京大学陈刚教授的创意传播管理（Creative Communication Management，简称 CCM）理论出发而得出的概念。

创意传播管理理论是陈刚教授在 2009 年提出的一种基于互联网世界的思维方式，它研究并且阐明了互联网的到来给传统世界带来了哪些根本上的变化。创意传播管理理论把基于互联网组建的整个世界定义为"数字生活空间"。意思是，这里不光有我们常说的三维空间和时间维度，还有一个我们可能没有注意到的互联网维度。在互联网维度中，由于信息的传递不受时间和空间的限制，所以在一定程度上，所有和信息传递有关的事情都不受时间和空间的限制，原来距离很远的资源或者个体，在数字生活空间当中就变得很近很近，原本需要很高成本才能协同完成的工作，几乎能以零成本完成。那么节省下来的成本，以及以近乎零边际成本提高的效率和获得的价值，就直接成了巨大的利润。

当然，我们是很难一次说清楚创意传播管理理论的。在本书第三章当中，我们会对其有更详细的解释和说明。我们在充分理解了数字生活空间之后，就会发现另外的问题：在新零售中，企业还是企业么？消费者还是消费者么？他们之间的关系，还是买东西、交钱这种简单的关系么？答案当然都是否定的。

这要从营销概念的演变说起。

4P 理论。在营销理论体系中，杰罗姆·麦卡锡（Jerome McCarthy）的 4P 理论提倡以企业生产为起点，以资源为前提进行销售，是一种以卖方市场为基础的理论体系。

4C 理论。后来，到了 1990 年，罗伯特·劳特朋（Robert Lauterborn）提出了 4C 理论，要求人们不要从企业的生产出发，而是要从消费者的需求出发，转变角色、转换方向来思考企业的营销问题。他是在以买方市场为基础提醒大家，"消费者的需求"十分重要。

4R 理论。在 4P、4C 的基础上，唐·E. 舒尔茨（Don E.Schultz）教授和艾略特·艾登伯格（Elliott Ettenberg）都提出了类似的理论，虽然细节不同，但他们关注的重点已经不再是"怎么卖"，而是"企业与消费者的关系"。这关系到品牌、公关、责任和消费者的购买行为。而后，唐·E. 舒尔茨教授沿着这个思路，又提出了另外的更为深入的思维方式和理论体系。

IMC 理论。整合营销传播，可以说是唐·E. 舒尔茨教授在中国最为知名的理论了。整合营销传播的核心，是要关注"不同人的差异化需求""个体消费者对品牌或企业的贡献价值"以及"企业、品牌与消费者的关系"等话题。它基本上从传统营销体系那种粗犷的、工业化的、同质化且大批量的、缺少文化及人文关怀的营销理论中提升出来，变得更精细化，更个性化，更能满足人们日益增长的精神需求了。

SIVA 理论。这也是唐·E. 舒尔茨教授提出的理论，它可以说是彻底改变了人们对企业产品的理解。SIVA 理论认为，企业不能只去生产那种工业时代的批量化、同质化的"产品"（product），让用户自己利用这些产品解决具体问题，因为人们需要的是"解决方案"（solution）。也就是说，"企业不要给我提供工具，你要直接把问题给我解决掉，我要工具干什么？"所以，"服务"而不是"产品"，会逐渐成为企业提供的价值。也就是说，人们有了规模化、个性化而且多变的需求，企业作为服务者，显然要用"服务"而非"产品"去满足那些需求，这也正是我们所倡导的服务化新零售所要重点解决的问题。

接下来就是 CCM 理论。在这个理论体系中，在数字生活空间中，我们之前所说的那些"产品""需求""服务"又变成了什么样子呢？企业又如何在数字生活空间中去满足生活者的需求呢？

毋庸置疑，需求是一切的核心。通过上面的理论演变我们知道，每个个体的需求是极其个性化的，提供服务的企业所面对的个体需求，是由多个具体的需求组合而成的，极端复杂，而且，一个企业所要面对的个体往往是数以万计、十万计或者百万计的，所以我们才称之为"规模化的个性需求"。

在传统工业时代，我们的企业几乎是无法完成这种服务的，只有通过高端定制这种昂贵的、面向极少数人的方式才能达成。然而，数字生活空间是一个几乎不存在时间和空间阻碍的地方，这极大地提高了效率。随着大数据、人工智能、精准渠道等技术的逐渐成熟，企业逐渐被赋予了解决这种实时化、规模化、个性化需求的能力。

在以实时化解决规模化的个性需求的问题为核心的营销环境中，消费者的价值不仅仅在于消费，也不仅仅在于购买和使用产品，他们是一个个活生生的生活者，企业也不仅仅是从事生产、提供产品，而是转型为为这些生活者提供具体服务的服务者。

这里我们需要注意的是，生活者和服务者之间交换和传递的价值，不仅限于货币和产品，他们还会交换、共享信息，交换、共享资源，他们甚至会协同生产或者协同创造更多的服务，并且服务更多的生活者。也就是说，这种价值交换不是单向的，甚至不是双向的，而是多向的；交换的内容也不是简单的货币和产品，而是能用于满足生活者需求的一切资源。

想理解这个问题，就来想一想小米公司的创业史。在米柚论坛里，这些"米粉"既是小米的消费者、使用者，又是小米的目标传播受众；这些"米粉"为小米提供市场信息、产品体验和产品更新的建议；有一些"米粉"会帮助小米寻找软硬件 bug（漏洞），甚至亲自编程、调试，为小米提供产能；这些"米粉"还是小米的传播者，他们作为信源，向自己所能触达的一切范围传播小米的产品和品牌，几乎不收取佣金。

那么在这个多重身份的环境中，我们究竟该如何分清哪个是营销者，哪个是消费者呢？其实完全不必分那么清楚，他们只是在生活和服务的环节中互相协作，在一个作为渠道的论坛中相互交换价值。企业的边界被扩散和模糊了，更多的"社会产能"被纳入企业。在数字技术还不够成熟和完备的实践中，社会协同几乎是唯一一种可以完成规模化个性化服务的途径。

既然我们知道了企业和用户的关系，是不是要把所有的用户都扩充到企业产能当中进行协同呢？答案是否定的。原因很简单：社会产能不受约束，无法量化，难以评估。这似乎是一个螺旋下降的过程。企业吸收的社会产能越多，就越难以控制和管理；越难以控制和管理，就越容易造成产品和服务品质的不稳定以及平均水平下降；品质下降就会让用户失望并且导致优质用户逐渐离开；优质用户离开就造成了产能继续下降，品质继续下降。到最后，如果以这种螺旋下降的方式发展，企业最终会面临两个选择：其一，吸纳更多非优质产能，从而走上品质下降更快直至倒闭的"自杀"之路；其二，收缩规模，回到最初，以更少的成本尽可能收回更多用户的信任，而后在艰难和困苦当中挣扎。

怎么解决这个问题呢？答案就是数字化，即利用人工智能、大数据、精准渠道等数字化技术替代人，利用计算机的"算力"替代"人力"，同样提供"实时的规模化个性化服务"。这其实就是我们说的服务化新零售（数字服务化的一部分）。

这里要提示的是，服务化的达成主要有三种情况：

一是一对一的个性化服务。就像我们去私立医院看病，去高级定制店铺定制成衣，这些地方有专人为你手把手地服务，他们十分了解你的需求，并且对你的需求进行贴身化满足，你完全放松，只享受服务就好了（当然往往现实没那么理想，但至少理论上是这样的）。这种服务的状态从农业时代就有，到现在也不在少数。

二是多对多的规模化个性化服务。这出现在近 10 年中，比如滴滴出行、闪送、回家吃饭，是以"大家服务大家"这种社会既有产能协同生产的方式，进行多对多的个性化贴身服务。但是这种服务有一个致命的缺陷，那就是不可控。因为我们协同的是各种不同的人，他们的服务水平、服务理念、思维方式、待人接物的习惯都不同，尽管我们有制度，但服务的水平却参差不齐。事实上，我们看到滴滴出行的顺风车在运营过程中出现的种种服务质量不稳定问题，以及类似饿了么、百度外卖之类的协同服务化平台出现的品质不稳定问题都是由这个原因造成的。

三是一对多的数字规模化个性化服务。在某些领域，这种服务体系正在形成。既然协同来的产能不可控，无法做到品质稳定，那么我们就利用可控的方法来进行服务，例如人工智能、柔性生产线、精准智能物流配送等数字技术。试想一下，如果在不久后，自动驾驶技术变得安全可靠、价格便宜，在全社会普及，那么滴滴出行等平台的违规及不法情况可能会大大减少。

对于服务化新零售而言，理想化的应用场景应该是一对多的完整状态。这不但是新的零售形式，而且是目前的技术和思维还没有完全配套情况下的零售形式。

新零售到底有多新？

要说一件事儿有多新，那就要看它和谁相比了。拿我们前几年一直在喊的新媒体来说，如果你想知道所谓的新媒体到底有多新，那就要看看说话的这个人认为自己生活在什么年代。在一个 19 世纪 20 年代出生的人——比如号称"长毛状元"的王韬大师——的眼中，西方的单张散页的报纸就是新得不能再新的媒体了，但那对于我们来讲不是；对于"二战"期间的美国总统罗斯福（Franklin Roosevelt）而言，可以进行"炉边谈话"的广播就是新媒体，但对于我们来讲也不是；到现在，你问一个 1995 年之后出生的"互联网原住民"什么是新媒体，他说出来的一定不是我们这些"互联网移民"脑子里想的网站或者什么搜索引擎，甚至不是微博、微信。

新媒体到底是什么？在定义含糊不清的阴霾笼罩下，"你说前门楼子，他说胯骨轴子"，人们完全聊不到一块儿去。所以后来大家开始慢慢区分这些所谓的、笼统的新媒体，归类了社交平台、精准投放平台、门户网站等。当概念逐渐清晰，我们也能大概地知道新媒体到底是什么了。

新零售也是这样。自从马云提出这个词之后，人们都跟着说，但新零售却没有一个比较准确和通行的、被大多数人认可的定义，就更别提搞清楚新零售的各种形式了。所以这个时候我们说新零售，其实就像旧时笑话里说的"瞎子断匾"一样，争论了半天，面红耳赤，总得先有个匾挂在那儿，总得有个标准或者定义在那里，我们才会知道如此声嘶力竭到底是为了哪般。

另外，"新"是个形容词。

新同事、新老板、新中国，新媒体、新电商、新零售……"新"字后面那个名词才重要。

还拿新媒体这个例子来解释。最初提出新媒体的人，估计也是为了大家理解起来方便才这么叫的。因为互联网最早影响的就是媒体，当信息传递以一种摆脱时空限制的形态出现，和以前的报纸、杂志、电视、户外广告等媒体形态都不一样，那就叫新媒体。

虽然新媒体的名字中有"媒体"，但由于互联网带来的巨大影响，它们已经不是原来意义上只用来传递信息和信号的媒体了。有一些甚至和传统媒体毫不相像、毫无关系。

这就像如果发现了外星生物，我们会称其为外星人，这只是为了方便大家理解，但就算真有外星人被发现，八成和人一毛钱关系都没有。所以，外星人不是人，新媒体也不是媒体。那么新零售呢？

"新零售"一词的来龙去脉

2016 年 10 月，在云栖大会上，马云说："未来的 10 年、20 年，没有电子商务这一说，只有新零售。"

在这之后，新零售就有了各种解释。总的来说，对大家口中、笔下所提到的新零售，我们大致可以归类成以下四种形式：

第一种，零售企业升级。这个好理解，细分种类也很多。比如超市如何从考量坪效^①，到引导消费者进行体验式消费——所谓"逛吃逛吃"。这种新零售是基于现有的超市模式，也就是以大概 20 年前提出的"现代通路"为基础，进行零售方式的改造：改变超市的广告传播方法以追求更大客流量，改变超市的内部结构以追求更灵活高效的动线，改变超市的结算手段以提高结账速度，改变超市的环境布置以改变消费者的体验，等等。

新的案例也有很多，比如国内涌现的一些无人超市、自助结账的超市，还有一些商场提出的手机逛街理念、一些生产企业推出的 APP（应用程序）等。

值得注意的是，很多企业在追求新零售形式的时候，都会在起步阶段和电商平台合作，提出"今年 618 我们来一次新零售 campaign（战役）""今年双 11 我们以新零售为核心"等，这就和我们说的新零售不太一样了。这个类型的新零售，可能还没有到达升级的层面，仅仅是一种新形势、新创意的促销罢了。

第二种，电商企业升级。这和第一种是一样的。传统零售企业寻找新机会，意图再创辉煌，电商也是这样。现在有的电商被称为"传统电商"，它们正在逐步失去红利，失去那一片片蓝汪汪的市场，转而在红海中挣扎，所以也盼着新零售是根救命钢丝。

由于传统电商大都依赖网络流量，尤其是平台内部流量，换句话说，它们只能挣网友的钱。随着竞争者越来越多，这份钱就越来越难挣了。怎么办

---

① 坪效：指每坪营业面积产出的营业额。1 坪 ≈ 3.3 平方米。

呢？自然有人想到那些未开垦过的线下处女地。所以大部分传统电商都力图铺设线下渠道，比如和超市、商场、小卖部、杂货店、餐厅等线下渠道合作，销售自己以前只在网上销售的产品，还有一些财大气粗的则直接自己建立实体门店。

在线下这片血流成河、饿殍遍野的战场焦土中，原本死去活来、痛不欲生但却坚持喘息的企业们还没有谁能成功突围，如今又来了一批"勇敢的新兵"，其下场也只能和战争电影里一样——还没明白仗该怎么打呢，就被一击毙命了。距离产生美，当电商企业来到线下之后，才忽然发现，原来传统电商的业务是多么的精妙和完美。

第三种，O2O 一切。线上和线下结合在一起肯定没错，但如果你一直抱着线上和线下这样的观念，那么你可能还没有真的把它们看成完整而不可分割的一体。其实，线上线下本来也没有分开——我们都称之为"数字生活空间"——又为什么要把它们连接在一起呢？也就是说，企业的生产和运作模式是把线上和线下分开运作的，这个战场的根源其实不在零售端，而在企业的管理。

这种现象非常多。不少企业与异业联合，或者利用自己的线下门店增加自己线上用户的数量。比如利用饿了么、百度外卖来增加自己的线上流量，提升销量。又比如，宝洁公司在某年大学开学季，就利用铺设学校线下互动终端，来提高品牌在学生群体中的渗透程度。

下图是这个活动总结视频的截屏。在开学期间，宝洁公司在很多大学的操场、广场上，设置了这样的机器设备。学生可以通过扫描二维码获得一张属于自己的"不着调"名片，也可以以此寻找同校的学姐或学长一起来玩，还可以从这个机器中获得赠品。

　　线下的学生是宝洁找到的精准流量，宝洁把他们引导到线上，引导到宝洁的活动中，并且让他们进行活动分享，如此就进一步形成了基于人脉品牌的扩散。再利用社交的吸引力，把这些学生组织到一起，在宝洁的平台上进行各种互动，宝洁从中获得了品牌的渗透。

你可能注意到了，这是零售么？跟新零售有什么关系呀？没错，这种O2O一切的观点，其实不单指新零售，而是指整个营销传播甚至是整个商业模式。

第四种，重构商业产业链。我认为这是比较靠谱的一种类型。但是这种类型实现起来比较难，小企业没法重构，大企业尾大不掉，重构算是脱胎换骨，动静太大，风险太高。不重构，还能凑合活着，重构了，当然有一定的概率变成一只凤凰遨游云端，但也有可能，"手术"还没做完，企业就"驾鹤西游"了。

我们看得到的是，海尔一直试图这样做，阿里巴巴在这样做，其实小米看起来也在这样做，它们所做的，更像本书中我们所推崇的新零售模式。我们会在后面为各位详细解读。

从"零售"到"新零售"

"孩子没娘，说来话长。""零售"这两个字要从农业社会说起。但是大家不用担心，我们不会给大家讲历史，只带大家看一看每个阶段的零售都是在解决什么问题，用什么样的形式解决问题，还有就是，为什么要用这种形式来解决问题，这样做到底是因为被什么样的制约条件或者什么样的促进条件所影响。这对于我们了解现阶段所说的新零售有着非常重要的作用。

农业社会

最早，从原始社会到农业社会，当我们的祖先开始了物物交换，有了早期货币的时候，似乎就有了零售。远的不说，咱就说《三国演义》当中刘、关、张这三位主角。刘备卖草鞋草席、关羽卖绿豆、张飞卖肉，地点就是集市——照现在来说就是菜市场。咱们套用零售行业常用的说法，"货""场""人"这三样东西在那时候就有了。

在那个时代，零售到底是为了解决什么问题呢？

刘备作为一个手工业者，自己投资，自己进原材料，自己生产，自己寻找销售渠道，自己进行推广传播（就是吆喝）。所谓零售的环节，基本上就是他最终（或者说是唯一一个）可以获得利润，将自己的劳动换成货币的环节和机会了。和工业化之后的企业不同，刘备的零售没有中间商赚差价，类似于直销。与此同时，刘备需要在市场（就是菜市场）当中，寻找目标人群，洞察人群的需求，获得市场的风向，以便于回去之后改良和创新产品。此外，这个市场还是传播的主战场，吆喝的声音是否响亮，吆喝的内容是否能打动过往的人们，这都是决定他的草席、草鞋能不能卖得好的重要因素。有一个环节是刘备的销售行为所没有的，就是现场的体验，如果刘备卖的是元宵、瓜子，那可能就有试吃的现场体验了。

再看关羽，他是个农民，卖自己种的绿豆，除去和刘备一样的部分不说，关羽的产业链显然比刘备要长不少。他需要拥有土地、采购种子、辛勤耕种，然后收割、进行粗加工和细加工，接着才能将绿豆产品化，实现销售。那么对于关羽来说，市场的意义就更加重要，否则前面所有的产业链都无法获取利润。

张飞呢，他是个经销商，他每天都在那儿卖肉——想必是没时间去养那么多猪吧——他的产业链最短，风险也相对较低，更省心一些。菜市场对他而言，是个终端市场，而他自己也成了别人的 B2B 市场中的一个角色。

我们能够看得到，在农业时代，商家要解决的问题其实非常简单，即把产品卖给最终用户并且换成货币，也就是终端销售。

怎么来解决这个问题？农业社会的商贩们一律使用线下一体化的方式，你能想到的一切，从产品研发到消费者分析，从销售到传播，都在菜市场里完成，这算是一种渠道融合的方式，而零售基本上是所有事情的集合。为什么要这么做呢？这个问题就问得当时的人们有点尴尬了，因为并没有其他的方法可以完成这一闭环。受到时间和空间的制约，商贩们只能利用有限的线下空间，利用效率很低、范围很窄的人际传播来进行销售。万一，这个地方突然推崇了某种信仰，人们从此不吃绿豆了，从此不穿草鞋了，那么，这些商贩就只能改行或者饿死。就算 150 千米之外的人们超级爱吃绿豆，每天每人早餐要吃 5 斤绿豆糕，关羽的产品也卖不过去。就算刘备的草席冬暖夏凉、驱寒避暑，人睡了之后精神百倍、益寿延年，全国人民都需要，那依然没用，刘备没有渠道能把自己的草席卖到全国各地。

所以在农业时代，零售是一个融合了几乎所有场景、功能及体验的综合商业空间，唯一的问题就是它极度受到时间和空间的制约。

工业社会

自从福特（Henry Ford）建立了流水线，人类的工业化进程向前迈了一大步，产品越生产越多，价格也越来越便宜。如何快速把产品卖出去就成了企业面对的首要难题。

这个时候的零售，其实不再是所有场景和环节的集合了。因为工业化为我们创造了更多可能：电报、电话、报纸、杂志这些信息传播工具，把产品的情况告诉了更广泛地域的人；汽车、火车、轮船、飞机这些交通工具，极大地缩短了人们和工厂之间的距离。换句话说，工厂生产出来的东西有可能卖给更多的人，有可能卖到全球各地。

那么这个时候的零售是什么呢？一个巨型企业把自己生产出来的东西卖到全世界几亿人手中，靠的是几千万个"刘、关、张"么？真是这样的话，那就真离关张不远了。

这时候有了我们所说的传统通路，有了各级经销商。企业负责生产，但无法把产品卖到每一个人手中，所以就选择各省的经销代理公司，省公司再找各城市的经销商，各城市再找各区县的，各区县再去找街头巷尾的零售店。也就是说，中间那些经销商做的事情都叫批发，而小卖店之类的终端渠道做的才是零售。这和现在人们普遍意识中的零售就相差不多了。

再后来，随着市场被越来越多的经销商分区域、分行业地深耕细作，不断局部规模化甚至垄断，生产企业发现这些经销商越来越紧地握住了自己的咽喉：它们不进货，零售市场当中就看不到货；它们进货，又可能会提高终端售价，降低产品竞争力；同时各种"窜货""积压"，以及厂家为了激励经销商消化库存所采取的渠道促销政策，都被经销商们巧妙地利用，然后吃掉企业很大一部分利润，最后生产企业成了池中鱼、笼中鸟。

超级市场的出现带来了一种新的零售形式，在后来被称为现代通路。超市直接从厂家进货，把厂家的产品直接摆在货架上供消费者选购。对企业来说，超市卖场只提供场地和流量，以及一些基本的理货、仓储和订购服务，不参与企业、品牌之间的推广竞争。促销员由厂家派遣，给消费者和厂家更加直接和扁平的接触机会；同时降低企业在经销渠道上的费用和成本，没有中间商赚差价，超市基本会根据厂家定价，以薄利多销的方式进行销售。可以说，超市卖的是场地，有些大型连锁超市、大型卖场还有自己的中心仓库，从而省去了分城市、分销售网点的物流和配送。

传统通路和现代通路都是我们说的零售。但这还不够，超市大了也"欺负"厂家。所谓"店大欺客"不是指超市经营者的人品有问题，而是一个基于企业经营管理的效率问题。因为规模大，所以需要统一管理、统一模式；因为利润薄，所以需要更多元的收益方案。于是，这种受到厂家喜爱的超市也逐渐增加了诸如进店费、货架费、端架费、堆头费、多点陈列费、POS 机费、海报费（不是厂家自己的海报，而是超市印的促销海报，厂家出现在上面是要交钱的，相当于广告费）、促销员管理费、仓储管理费、物流管理费等的费用。除此之外，厂家不知道什么时候就会接到超市的"降价配合促销"的需求通知。当然，厂家可以拒绝，拒绝的结果往往是自己产品的货架位置越来越差、面积越来越小。当一个厂家将自己产品本来就不多的毛利贡献出来 5% ~ 8% 之后，还会发现，超市的账期不是一般的长，手续不是一般的多，要求不是一般的严，也就是回款结账不是一般的难。所以 SKU（最小库存单位，就是类似"单独的一个产品"的意思）毛利率低于 20% 的话就肯定赔钱。很多企业、很多产品经理在现代通路热热闹闹、风风火火搞了 1 年之后才发现，刨除各项成本，企业结回的账可能连条裤子都买不起，甚至还会反搭进去一床被子。这样想想看，可能还是传统渠道好呢。

在大众传播和电话系统日趋成熟和发达的那个时代，又一种新的零售形式出现了。

美国有家卖电脑的公司叫戴尔（DELL）。戴尔公司可能是想通了"人生苦短，跟谁过都不如跟自己过"的道理，甩开了传统经销商，也甩开了大卖场，返璞归真，向刘备学习，直接把产品卖给消费者，多一个环节都不要。

电视、报纸、宣传单页，所有的广告落脚点就是一个电话。戴尔公司的销售员倾尽全力和最终用户说："来吧，打这个电话买戴尔电脑，没有中间商赚差价。我们把差价都回馈给消费者，你能用更少的钱买到更好的产品。"为什么要养活那么多吃自己身上肉的经销商呢？以前因为信息渠道不发达，厂家没办法触及每一个用户，后来，大众传播得到了发展，一条电视广告能让不少人看到。他们看到了，打电话过来，说要购买这个产品，信用卡信息一报，厂家就能收到钱，就可以把产品送到最终用户手中。用户除了买电脑，还会买其他的电脑设备。厂家直接掌握了最有价值的最终用户，而且是一手的，简直喜不自胜。

这就是我们说的直销。不过这只是直销的一种模式，"戴尔模式"算是那个时代的新零售了。

还是在美国，有人觉得这种零售模式还是吃亏，因为无论怎样，戴尔还是花了很多广告费、电话费、配送费，这些钱（尤其是广告费）着实不少，也都转嫁到了消费者身上。能不能不做广告呢？能不能减少配送呢？能不能不打电话呢？当然可以，尤其是广告，完全可以不做，但有个问题要解决，这就是信任问题。

街边小摊的炸鸡腿和肯德基的炸鸡腿哪个更卫生？一般人都会选有品牌信任度的肯德基，而这种信任不是天生的，是需要企业花重金，通过非常多的广告和整合营销传播，日积月累，在消费者心中逐渐形成的。所以如果没有广告，就没有品牌背书，也就没有信任。没有信任，消费者凭什么花钱？再便宜也不敢拿自己的钱和健康做实验。

一家叫雅芳（Avon）的企业，想到了一个可以弥补这种信任的方法，即利用人际关系中天然的信任。

雅芳把自己的日化产品出售给一些有销售天赋、有广阔人脉关系的普通人，并为他们梳理好销售话术，准备好销售材料，让他们把自家的产品卖给亲朋好友，让这些销售员赚取一定利润。

亲朋好友本身就是一个近关系、充满信任和友好感情的群体。雅芳的销售员不论是不是真的用了他销售的产品，都会如数家珍地向亲朋好友介绍产品用起来如何有效。在这种私人化的人际沟通环境当中，一些被明令禁止的宣传话术，比如"第一""绝对""首个"等都常被用于产品的推销。毫无疑问，亲密的人际关系当中的信任，再加上人情中这种盛情难却、不好意思推辞的心理，就成了替代"戴尔模式"中用广告获取信任的决胜杀招了。

这种被称为"雅芳模式"的直销模式，以更加低廉的价格、更加无形的销售网络和近乎病毒式的渠道扩散方式，成了一种非常高效、非常庞大，但却因为隐蔽而非常难以控制的新零售模式。

其实，"雅芳模式"被国人所熟知，还是因为另外几个使用这种模式的企业，比如安利、完美、天狮等。我国人口众多，这种模式在高度人情化的社会中扩散得极其迅速。再加之我国人口受教育程度和收入水平不均衡，这种新零售直销模式被一步一步地剥去了"零售"的内核，最终纯粹地成了"以发展下线为手段赚取利润"的传销模式。

互联网时代

毫无疑问，电子商务也是一种新零售模式。如果说美国的 eBay（电子港湾）是一个网络集市的话，那我们的淘宝网就是一个网络大卖场，是一个开在互联网数字生活空间当中的大卖场。一样的模式、一样的发展途径，也一样地越来越难获取站内流量，并且也在不断受着超市的各种挤压。

现在全民备战的"双11"和沃尔玛、家乐福的套路是一样的。超市卖的是场地，讲究坪效，需要人流，没有流量就没有价值，货架上的货就卖不出去，就没有厂家进店；淘宝网这种网络超级大卖场也需要不断地提升整体流量，在单方面刺激消费者购买不足以满足其流量增长需求的时候，英明的营销天才（褒义，真的是天才）把第四季度，甚至是整个下半年的流量用"双11"这个大马力"吸流量机"吸到一起，其所形成的瞬间爆发力，不亚于春运期间12306购票网站的流量。虽然很多企业抱怨，说评估下来，"双11"当天的交易量提升了，但全年整体交易量的增长却是放缓的。但我们看到，在全站层面，这场超级大促销所带来的知名度、体验、浏览次数等，都是明显上升的。作为网络大卖场的平台肯定是受益的，因为它能借此吸引更多的大小品牌进入卖场，获得更多广告费、进驻费。而几十亿的流量去哪儿了呢？或许是被更多的大品牌和促销力度更大的厂家给集中吸收了，流量在分配上就没有以前那么均匀了。但商业市场不就是这样么？都是从平等的自由竞争逐步向寡头垄断发展前进的。

好，我们言归正传。淘宝、京东做的电子商务其实也是一种新零售模式，是在数字生活空间当中，复活和再造了原来工业时代线下的商场、超市、大卖场，内在的原理和逻辑并没有什么本质的变化。

下一个新零售模式是什么？网络版的直销么？在数字生活空间当中，有没有直销呢？

太多了。

先说"戴尔模式"。"戴尔模式"的最大特征就是企业直接收订单、直接发货，没有中间商赚差价。

你有没有想到数字生活空间当中运用"戴尔模式"直销的例子？

我记得有一阵子流行这样的风潮：企业自己开设电子商务网站做直销，这可以算 1.0 时代；之后开自己的淘宝旗舰店、天猫旗舰店，这姑且算 2.0 时代；之后做微信公众号，开微店，这算 3.0 时代；后来更"烧钱"，自己做 APP，这算 4.0 时代。经过多次大浪淘沙，在养活了很多技术人员和营销代理商，花了很多冤枉钱之后，沉淀下来的企业，才真的算做成了直销渠道的企业。

渠道建设的成本是高昂的，维护和不断为渠道拉新也是极其费时、费力和费钱的，所以大部分企业最终又回归到淘宝大卖场中去了，毕竟有人做好了引流的工作，付出一定的成本也是值得的。这是什么原理呢？这就是凯斯·R. 桑斯坦（Cass R. Sunstein）教授在他的著作《信息乌托邦：众人如何生产知识》中提出的"信息茧房"（information cocoons）现象。桑斯坦说："在信息传播中，因公众自身的信息需求并非全方位的，公众只注意自己选择的东西和使自己愉悦的信息领域，久而久之，会将自身桎梏于像蚕茧一般的'茧房'中。"再加上大家的时间有限、精力有限，无法顾及众多企业自建的直销渠道，久而久之，大家还是只关心那些大平台。

那些成功建立了直销渠道的企业，比如优衣库、小米、苹果，它们能活下来是有一些原因的，除了强大的用户黏度，重要的是，它们都能提供相对综合的一揽子解决方案，也就是将产品和服务结合在一起，不仅提供产品，也提供综合服务。它们的宗旨就是为用户提高效率、降低成本，让用户更方便。我们很难看到只卖产品的企业能靠自有直销渠道活下来。

正因为这样，"雅芳模式"也在数字生活空间当中出现了。

前面写到，"雅芳模式"的特征就在于省掉广告费、渠道建设费，利用人际传播来增加产品和品牌的信任度，同时将这些人当作销售的渠道。

都说支付宝解决的是陌生人之间的交易信任问题。那么熟人之间的人脉关系又是由谁建立的呢？这里面有强大的信任关系。最早是 MSN，MSN 社交网络大都是基于工作关系建立的，但 MSN 退出中国市场已经是很久以前的事了，没赶上雅芳直销这一波。

后来就是微信。为什么不是 QQ？因为 QQ 不讲究实名化，我们的 QQ

昵称、资料大都是虚拟的，没几个是真的，而且有人经常换 QQ 号，所以
QQ 好友关系是所谓的远关系。QQ 有点儿像现在的陌陌、探探、积目，网友
之间并不存在信任关系。

而微信是基于近关系的熟人而建立起来的社会化沟通网络。里面除了同
事、同学、好友、好友的好友，还有七大姑八大姨，这些人之间具有天然而
强大的信任基础。于是，微信里的"雅芳模式"就应运而生了——其实不是
出生，而是复活了——那就是微商。

我曾经给微商下过一个定义，将其称作"在利基市场中，基于互联网强
链接信息网络的直销行为"。我们在这里不去讨论利基市场的问题，就只看
这样一种现象。众多微商利用微信社交平台中的天然信任，经营和销售自己
生产或者代理的产品。这和最初"雅芳模式"的直销一样，旨在减少中间环
节、减少广告费，把这一部分费用用于生产更好的产品、降低产品的售价。
这真的是一种特别美好的零售模式。

但和"雅芳模式"一样，微商不久就陷入了信任的困局。最后，微商的
产品已经不重要了，微商只是单纯利用信任来换取经济利益。于是越来越多
抱有良好初衷的微商纷纷退出，就只剩下所谓传销的那一部分了。一个好好
的零售模式就这么被迅速妖魔化，以至于现在我们一说到微商就想到"看不
到脸的血盆大口"。

零售到微商时期就要停下了么？当然不是。我们从猿进化成人，不仅是
在螺旋上升式地重演历史，还是在新的空间和环境中创造历史。

接下来就到了我们现在热议的新零售阶段。在这个历史阶段，如何去评

判和理解新零售呢？这一阶段的新零售到底新在哪里？

盒马鲜生是新零售么？

良品铺子是新零售么？

优衣库是新零售么？

零售要解决的最核心的问题是什么？

通过上面对零售历史的简单梳理，我们有没有思考过零售的核心？按理说，所有的新，都应该是为这个核心服务的。形式上的新，最多算个话题，算个事件营销，其能量无法撼动整个零售行业。那么，这些新零售的案例是如何直抵零售的核心的呢？

新零售跟零售到底有多大关系？

零售是什么？百度上这么写的："零售是指包括所有向最终消费者直接销售商品和服务，以供其作个人及非商业性用途的活动。许多机构，诸如生产商、批发商和零售商都从事零售业务。而大部分零售业务是由零售商从事的。"

新零售也是零售

简单地说，零售就是把批量生产的产品，以零散的方式卖给个人（就是最终的直接的消费者），也就是大约 100 年前人们说的分销。这种形态其实很常见，就在我们身边。

从早晨一睁眼，我们看到的、吃的、喝的、用的，大都是通过超市、小卖部之类的销售渠道来到我们身边的。梳洗打扮一番，我们出门去上班，去小摊买个煎饼，去超市里买瓶水，这些都是零售。到了工作地点，忙碌之余，我们逛逛淘宝，买件衣服、买点儿零食，这也是零售，虽然我们是通过网上商店实现购买的，但是这与我们在线下超市购买本质上并没有什么不同。等到中午吃饭，不论是直接用饿了么点外卖，还是去那个通过大众点评搜索到的街边小馆吃盖浇饭，这些涉及的都是零售，是 O2O 的零售。下班后，我们在回家的路上去趟菜市场，逛个超市，买点油盐酱醋、鸡蛋大葱，菜市场和超市都是零售点，这样的方式还是零售。

也许可以这么说：我们能买到产品的地方，我们少量地、一个一个来进行购买的销售场所，或者是销售行为，就是零售。所以简单概括地说，零售就是针对个体消费者的销售方式或者销售渠道，一词多义。

请思考以下的事情算不算零售。

我们去理发店理发，去美容院做美容，去4S店做汽车保养，这些事情让人感觉是零售，但好像从来没人说过这些是零售。

问题就在这里了：我们之前常说的零售大多指的是在工业时代那些大批量、标准化（同质化）的工业产品面对终端消费者的一对多销售。要注意那些是可以规模化的、大批量生产的、同质化的产品。至于服务，因为太过于个性化，所以无法像标准化的产品一样进行一对多的销售。也就是说，服务一般是个过程，每次都不一样，没法批量化、规模化，所以我们不习惯把服务叫作零售。但是，服务也是针对个体消费者的，也在交付价值、收回货币，怎么就不是零售了呢？假如有一天，个性化的服务也可以被批量化，我们会不会也把它作为一种零售来看待呢？

新零售不只是零售

有一些专家和企业实战家说过，新零售重构了零售中"货""场""人"的结构与模式，以"人"为本，"货"和"场"随之而动。这么说对不对呢？在一定程度上是没错的。那这种说法是不是准确和完整呢？我看未必。

大家要记住并且提醒自己的是，新零售不是零售，或者说不只是零售。新零售要解决的问题不只是销售或分销，即只把东西卖出去，还要卖得好、卖得准、卖得成本低、卖得让用户满意。在这个先决条件下，我们所说的新零售，也就是服务化新零售要研究的，准确地说不只是零售的问题，所以"货""场""人"的说法，虽然是对的，却是山之一隅、海之一角。

纵观全局来研究服务化新零售的话，根据"奔向成功必先知道成功在哪儿"这个千古真理，我们想做好新零售，想让所有的消费者满意，想做得比现在所有的零售形式甚至商业模式更好、更高效、更可持续，那就必须先知道消费者想要什么。

消费者想要什么？

"只有他自己知道！"有人这么回答。

有人说："不对！他自己都不知道自己想要什么！"

喏！这是正解。

消费者想要什么，怎么探知，我们先放一放不要着急。先看这些问题：消费者（为了理解方便，我们姑且叫消费者，其实应该叫生活者）有大脑吗？他们的大脑是不是可以产生自我意识？虽然问题有点无聊。但是想想看，我们常常忽略这件事——每个消费者都是个性化的，都是不同的。

既然他们有自我意识，而且每个人的自我意识都不同，那么他们的需求相同么？或者说，完全相同么？如果你跟我说，相同，他们都需要吃喝拉撒睡。没错，这没人跟你抬杠，这是大家的共性部分。但是"吃"和"吃"能一样吗？有的人不吃香菜，说味道像臭大姐（一种遇到危险会散发臭味的昆虫）；有的人不吃榴莲，说味道像被汗脚穿了俩月没洗的袜子；有的人不吃鱼，说刺多择不干净；更有甚者跟我说他不吃竖着切的葱——这种因难以理解而带来的纠结着实让我心里堵了好一阵子。后来，经过多次刨根问底之后，他终于告诉我，那是因为竖着切的葱丝会塞牙。

对于"吃"这一件事来说，就有着无穷的可能，那么其他事情呢？所有极端个性化的需求混在一起呢？据了解，目前全球有 70 多亿人，也就是说，有 70 多亿极端个性化的消费者个体。

这还没完，你以为消费者是永恒不变的么？不，他们在变化，每秒钟都在变，所以他们那些极端个性化的需求也在变。大抵有这样一个公式：

$$个性化需求总数 = 需求总种类 \times 世界人口 \times 时间$$

传统的经销商渠道，以及所谓的 KA 渠道 [①]（已然不能用传统通路和现代通路来表述了），其实都是工业时代的规模化、同质化的销售渠道。所以这个渠道是无法解决如此庞大的个性化需求的。

还是拿"货""场""人"来说，为了"人"的个性化需求，你需要准备多少种类的"货"？这个 SKU 数量估计是个天文数字。此外，我们又要以怎样的形式给消费者提供"场"？

消费者想买了就吃，想买了就穿，想买了就马上用，这都没问题，这就是我们说的场景的体验，但消费者想要什么？刚才我们讨论过，甚至连他们自己都不知道。即便我们在传统的"场"这个渠道里，知道了消费者想要印度抛饼、托斯卡纳小龙虾，但我们作为服务者到哪儿给他们弄去？我们要事先预备多少种类的"货"、预备多大的"场"，才能供这些神奇的"吃货"们折腾？再说，他们不仅仅是"吃货"，保不齐他们突然想看电影，你该怎么满足？

---

① KA 即 Key Account，重要客户。KA 渠道指的是零售行业中家乐福、沃尔玛、物美等大卖场形式的渠道。

"我们可不可以引导和控制一下消费者的需求？"有人这么问。

可以！当然可以！但效果不会达到你的预期。为什么呢？我们的确可以像工业时代一样，利用大众媒体的压倒性优势和单向传播的方法，把一些观念，比如"今年过节不收礼，收礼只收脑白金""怕上火，喝王老吉"等灌输到消费者脑子里。然而我们不要一厢情愿地认为，这种事情还会在当今这个移动互联网时代继续出现。

传统的强势的大众媒体在哪儿？单向传播的"洗脑神曲""神广告""神口号"，能"神"几天？又能在多少人中"神"起来？

现在的传播已经不是工业时代的大众传播了，碎片化的社会化媒体、精准媒体针对的是碎片化的极小人群，甚至是个体。商家无法利用现有的财力和人力触达所有人，更不用说给他们洗脑了。你可以去问问自己公司的营销部门，能够让一部分消费者看见，就已经很不错了。

"货""场""人"理论中的"他们要什么""他们是谁""他们在哪儿"，逐渐演变成了"他是谁""他要什么""他在哪儿"。当前的消费者市场比传统营销理论当中说的"市场细分碎片"和"利基市场"更加细小，甚至需要一对一的服务。

企业要为每一位消费者进行研发，要为每一位消费者建造厂房、生产产品，甚至要为每一位消费者开一家超市，而且这些都要不一样。从形式上看，这些几乎无法复用。这就是我们所遇到的新零售的现状。

新零售和传统零售有多大关系？从一种角度来说，关系蛮大的，几乎没怎么变，还是"货""场""人"，还是要满足消费者的需求；但从另一个角度来看，它们完全不是一回事儿。传统商业以及零售的逻辑和流程几乎完全不适用于新零售，我们怎么可能布局一个完整的产业链只为一个消费者服务？这当然不现实。

这就像 30 年前人们要去上班，现在人们也要去上班，但上班的方式完全不同了。以前骑自行车、坐公交车上班，后来坐地铁、开私家车上班，现在甚至可以直接在家利用互联网上班。

我们需要遵循环境变化的实际情况，重构所有的流程和环节。首先要进行重构的是思维方式。现在这个世界是什么样子的，我们要看清，不要受到思维惯性的束缚。

新零售可以是什么样子的？

在说这个问题之前，我们先确保自己明白了什么是数字生活空间，并且明白了数字生活空间的基本框架和进化过程。因为我们所说的服务化新零售是完全构建在数字生活空间当中的，如果世界观不清晰，后面的一切你都会觉得"懵圈"。

之前我们说过，由于互联网使信息传递变得几乎没有时间和空间的限制，所以我们在三维空间和时间维度的基础上增加了一个新的维度——互联网。而基于互联网的时空，就是我们所说的数字生活空间了。

从理论上来说，在数字生活空间中，只有信息传递是不受时间和空间限制的，但随着科技的不断进步，在很多事情甚至全部事情都可以通过信息传递来解决之后，这个数字生活空间就是完全摆脱时间和空间限制的领域了。

数字生活空间在各领域的发展和入侵

1958 年，美国国防部高级研究计划署（ARPA）成立。1969 年，ARPAnet 被开发出来，这是互联网的起点。到了 1989 年，第一个面向公众的网站 "world.std.com" 启用并运转至今。这几乎标志着最简单的文本和图形信息的传送超越了时间和空间的限制。

入侵传统媒体

后来的事情我们有很多人都亲身经历了：网站越来越多，国内渐渐有了搜狐、新浪、网易等门户网站。这些网站的本质和 "world.std.com" 没有区别，都是跨越时间和空间来传送信息。这是我们称之为互联网时代的那几年。

然后，互联网迅速入侵了传统媒体行业，互联网的实时性、跨空间性、几乎零边际成本的特性，使工业时代的媒体难以招架。上一个时代的英雄们怎么也弄不明白，自己到底是败在哪里了，怎么就被人家这么毫无难度地、好像砍瓜切菜一样打得人仰马翻、死伤惨重。传统媒体靠着自己雄厚的工业基础和资本，着实折腾了好一阵子，就像正在做化疗的病人，痛苦万分，花钱如黄河决口，家人虽揪心难过，尽全力拖延，但似乎很难逃过这个劫难。

怎么才能治好？需要从基因上变异成另一个物种，或者需要无比强大的机器永恒地保驾护航。从现实中看，传统媒体变异成新物种的不少，也不乏杰作，但大部分最后还是 "活在我们心中" 了。现在这个时代，我们就称之为新媒体时代。

也就是因为这个，很多人在心中给互联网下了一个以偏概全的定义：互联网是新媒体。这是错的。因为互联网解决了信息传送超越时空的问题，所以首先受到影响的当然是传统媒体，但这并不是说，互联网就只能停在这个阶段了。

入侵销售渠道

这是指出现了很多电子商务网站，它们把产品信息、采购需求信息发布到网络上，这也是在利用互联网信息传递不受时空限制、十分迅速的优势，很多人因此赚了一笔不小的财富。当然了，无论是 B2B 还是 B2C，都不用销售员满天飞、全球跑，也不用去各地建设营销部、门市部，直接搭建个网站，生意就上门了，而且是全球范围的。所以你看，互联网入侵并且逐步颠覆了销售渠道领域。

后来在 B2B 销售里，出现了著名的阿里巴巴。在阿里巴巴上找供应商相当轻松，以前那种信息不对等的商业环境突然清朗了起来，这感觉就像有眼疾的人突然治好了眼睛，还开了灯，一切都能看清楚了。

1998 年，一家名叫 e 国的互联网公司在北京开展了"e 国一小时"活动，引起了很多关注。当时，e 国打算彻底颠覆商业零售，做那个年代的新零售，其模式与我们现在天天在用的京东到家、百度外卖相同，只是"e 国一小时"太超前了。互联网解决了供需信息的传递问题，但支付、信用担保、物流配送等一系列问题都没有得到解决。所以"e 国一小时"就像空气中燃烧的镁棒一样，终极一闪之后就灰飞烟灭了。

做阿里巴巴的马云则看到了整个零售流程中的每一个环节，可能当时他还不知道那是什么，但他却知道，那里一定该有个什么。于是，阿里巴巴电商平台，加上支付宝的配合，逐渐进入了人们的日常生活。当然，电商平台和支付方式很难拆开，因为一旦拆开，电商平台就变得没什么稀奇的了。

阿里巴巴的这套系统，确实沉重打击了上一个时代的零售系统，我们将这个时代称为电商时代。互联网入侵了商业零售，此时的互联网就不只是新媒体了，而是"新媒体＋电商"。

入侵金融

利用互联网在信息传递上超越时空的优势，我们的交易变得方便、快捷、高效。互联网金融生生不息，无比繁荣。

入侵服务业

服务和其他领域一样，都有一个供需信息交换的问题。互联网自然能迅速解决这个问题。PC（个人计算机）互联网时代的58同城，后来的赶集网，基本上都是这种类型。

移动互联网来了之后，由于 GPS 定位的介入，滴滴出行等软件也协同了不算少数的社会车辆运营资源，出租车公司的各种约车服务、电召系统瞬间形同虚设。

教育领域也是如此，需要特别说明的是，教育有点儿像新闻媒体，其价值本身就体现在信息传递上。教育培训的过程本质上就是消除信息不对等的过程，而互联网自身也有这个功能，所以互联网和教育结合起来，能够极大地提高效率。

入侵工业生产

早几年的工业 4.0、3D 打印等，都给我们的工业时代带来了无尽美好的想象以及世界末日般的预言。好在，科技的发展没有那么快，传统工业企业虽说受到一定冲击，但缓冲的时间还有不少。

新零售在数字生活空间中的表现

按照上面的过程推演下去的话，未来一定会迎来一个连物体传送（量子物理学里说过这个事儿）都可以通过互联网完成的时代。到那个时候，数字生活空间就是完整的了，没有了时间和空间的阻碍，一切将变得实时、零成本、无限个性化。

但就像上文提到的，这个事情在目前还不行，还需要一些时间。所以我们此刻说的数字生活空间其实是一个不完整的数字生活空间，是一个正在构建中的数字生活空间。在已经完成构建的空间当中，我们经常会受到那些没有完成的部分的牵绊，效率瞬间低下来，比如物流、库存、农产品的种植、工业生产，这些事情此时此刻是无解的，我们只能翘首期盼完整的数字生活空间早日到来。

或者还有一种情况，就是你的商业模式恰巧在已建成的数字生活空间当中，那确实是极好的。

基于这个状态，我们设想出了服务化新零售有可能出现的几种模式。

完全服务化模式

完全服务化模式即所有业务流程都在完整的数字生活空间中。在这种模式下，新零售可以是理想化的，以大数据来判定实时变化的规模化的个性需求，再利用人工智能、柔性生产、程序生产等方式进行规模化个性化生产，并利用精准渠道将这种产品或服务推送给用户。可以说，这是一种非常完美的数字服务化商业模式。

这个类型的企业或者业务在信息服务领域是有的，比如今日头条，但对于其他类型的业务参考意义并不是特别大。

今日头条可以根据用户的浏览习惯积累大数据，并且把每一个用户进行标签化，可以说，用户用得越多，标签就越准确，今日头条对用户的了解就越准确，对用户的需求也就抓得越准确。从理论上讲，它能够通过用户的浏览习惯、在页面上的停留时间、用户的定位等数据，来判断用户什么时间、什么情景下需要看什么新闻和信息。

今日头条所提供的产品，就是网络中所有内容的精准推送。这些内容通过关键词以及语义分析，也会形成一些标签，而当这些标签和用户的标签匹配的时候，今日头条平台就会将其推送给相应的用户，这其实是一种实时的个性化生产。

在产品或服务价值的交付上，今日头条直接把这些信息内容通过平台，以不同账号推送不同内容的形式，精准地推送给用户。

所以，完全服务化模式无非三步：洞察或预测动态、个性化需求；实时的规模化个性化生产；实时的精准化交付。

这在新闻领域目前貌似是可行的，但换一个领域就不得而知了。比如在服装、餐饮、零食等领域，需求信息这种大数据的来源是个问题，在工业基础上进行实时的规模化个性化生产是个问题，如何实现精准交付更是个问题。

在信息服务之外的其他领域，我们还没有发现成熟和完整的案例，至少在可见范围内没有。不论你提供的是什么样的产品或者服务，最终其实都会变成服务，而且是个性化的服务。你所遇到的最大挑战，就是要想方设法把这种个性化的服务进行规模化复制，以便获取利润。

为了方便理解，我们来模拟一个家居用品生产商的服务化新零售方式。

同样，一切要从获取个性化需求开始。假设你和阿里巴巴、京东、腾讯、今日头条等平台一样获取了大数据 API（应用程序编程接口），你有一个庞大而高效的数据处理团队，也有运算能力足够的硬件设备（超级计算机天河Ⅱ号之类的），你根据用户手机号码之类的线索把这些数据进行汇总和交叉，便会得到基于每一个用户的个性化需求特征，并可以将之标签化（千万不要忽略，这个数据是动态的，每秒钟都会变）。然后你发现，在北京天坛附近有很多人都有购买家居商品的需求，但需求又各不相同。其中有一个年轻女性，貌似很喜欢各种奇形怪状的马克杯。你为了提升用户的决策速度，更有倾向性地引导这个用户做决策（比如将其引导至利润高、库存大的产品或服务），就通过相关平台向她推送广告，告诉她，她喜欢的小猪佩奇喝豆汁形状的马克杯现在有优惠。而后她便顺利下单了。

这时候你需要判断你的生产流程是不是全是线上的，是不是可以做到程序化生产。假设可以，你的个性化需求运算结果会直接用物联网的方式给智能化柔性生产线（比如 3D 打印矩阵工厂）下单，于是生产线开始实时制造这款马克杯，并快速完成生产、质检、包装、订单复核等流程，之后转交给交付系统。请注意，不要把这个所谓的矩阵工厂理解为在某个工业开发区占地几十亩、有厂房、有设备、门口挂着国旗、有保安看门的工厂。这种依靠物联网方式搭建的生产矩阵，很有可能就在你家旁边商业楼的地下二层，这是一种分布式的矩阵，只在互联网和数字生活空间中是聚合在一起的，在线下的三维空间中，它很有可能是分散的。为什么？因为要考虑物流配送。目前所有的物流系统都无法真正满足实时化交付，所以分布式的生产线或者仓库对于提高效率是必不可少的。生产线或者仓库应该如何分布？这还是大数据说了算。

接着，北京天坛西里小区这个人订购的小猪佩奇喝豆汁形状的马克杯被生产出来了。由于生产线就在天坛东里小区地下室，所以你通过线上自动下单的方式，叫个闪送服务，不到 20 分钟，马克杯就送到用户手中了。

最后，你把这个个体的流程复制大约 14 亿次，就是在我国境内的服务化新零售了。如果是全球的，那就复制大约 70 亿次。

可以看到，要形成完整的服务化新零售链条，我们还有很多基础建设工作要做，有许多流程需要重建，这不是一日之功，也不是靠一家企业就能完成的。

模块服务化模式

在不完整的数字生活空间中，业务流程有一部分是服务化的，而另一部分则延续工业化模式，这两个部分互相交错，分不开，在短时间内也无法完全服务化。我们可以把整条业务链变得尽可能个性化兼顾规模化，我们说这种新零售是在传统流程的某个环节中有限度的服务化。

比如阿里巴巴在新零售领域尝试的盒马鲜生。由于后面我们有专门章节解释这一类型的新零售，所以在这里并不多说。大家要注意的是，那其实只能算是模块服务化模式。

接触过盒马鲜生的同志们都应该有感觉，它并没有我们想象的那般智能和"懂"我们。你可以把盒马鲜生的线下店理解成一个利用支付宝结算的综合超市。有人说，不对，那里面还卖饭，像个大排档，而超市没有大排档，我们可以在盒马鲜生里把饭给吃了，不用到门口结账。难道新零售仅限于把原本在超市外面的大排档搬到超市里面，还撤掉收银台么？显然不是。

这事不能怪侯毅，更不能怪马云。原本可以因为阿里巴巴庞大的订单数据而变得无比"懂"我们的盒马鲜生，没有发挥出它应有的力量。因为它对数据"知道"了，就仅仅是"知道"了，并不能实质性地做什么，而海鲜的养殖、蔬菜水果的种植、大部分菜品的制作，都不能和它的后台"大脑"相匹配，你叫它如何真正"懂"你呢？

"大脑"知道用户在未来 6 个小时想吃"榴莲炖澳洲龙虾钳"，可偏偏这时候仓库里没有榴莲或者没有龙虾，盒马鲜生是没法给用户变出来的。或者你非得说，这两样东西盒马鲜生一般都有，不会断货，那咱换一个。北京西城白塔寺附近有个人想吃"麻豆腐炒印尼黑果"，来吧，盒马鲜生，你"懂"一下试试？

当然，这仅仅是举例子，不是抬杠，也不是说盒马鲜生做得不好。恰恰相反，盒马鲜生正是在技术允许的范围内创造各种可能。由于受到各种技术的限制，我们还很难在每个领域都做到完全的数字服务化。我们有大数据，但没有柔性生产；我们有柔性生产，但没有精准物流；我们有精准物流，但没有实时的精准信息推送……

前文讲了，数字服务化的达成方式主要有三种：一对一的个性化服务、多对多的规模化个性化服务、一对多的数字规模化个性化服务。我们可以把数字服务化进行拆分和模块化，看看新零售中，有哪些环节和模块是可以被服务化的，哪些不行，哪些日后可以。

下面有一个表，方便大家理解和记忆。

模块	状态描述		说明
大数据 （Big Data）	数据来源	外部购买	从长远看，一定会有一种类似区块链的方式，来安全地整合并管理全人类的大数据，但现在不行，从外部购买的数据大部分不合法，别人的数据也不可能轻易向我们开放，我们还是需要从一开始就着手建立自身的大数据积累机制。
		自身 CRM（客户关系管理）系统	
	处理方式	分析归纳	是否有专业的工程师、统计学家、数学家为我们的企业专门开发模型、算法来挖掘和提炼这些数据，这也是新零售企业所遇到的重要问题。有了数据积累，但却无法挖掘和提炼，这就像买了一座矿山而没有机器去开采，没有工厂去加工一样。
		挖掘提炼	
	整合机制	稳定更新	有了数据，最好有一套实时更新的机制，否则数据库就会愈来愈老、越来越具有历史价值而不是使用价值了。同时，还需要拥有不断扩充数据的机制。这往往不像说出来那么容易，用户没那么心甘情愿把自己的"隐私"交给我们，我们需要为他们提供足够好的服务，并设计特别友好的界面，巧妙地避开他们敏感的神经。
		动态扩充	
需求分析	类型化分析		从工业时代起就是这样，所谓市场细分，即类型化地分析人群需求，细分市场，同时判断这个市场的总量是不是足够大，以及我们的企业可以占据多少市场份额。到了新零售环境中，我们在某些意义上，依然需要进行类型化分析，这不单是一个阶段，也是一个步骤，更重要的是，我们需要尽量细化、小规模化、碎片化地去分析这些需求类型，直到能够做到一对一的精准化提炼。在这之后，我们不要忘了时间维度，这些需求是实时变化的，我们也要有一个程序化的机制来动态分析需求、监测需求。
	一对一精准化提炼		
	动态需求监测		

续表

模块	状态描述	说明
柔性生产	小批量，个性化	"批量化"和"个性化"似乎一直是一对矛盾。沿着不均衡的科技发展，我们可以将一些能够个性化的产品用于满足个性化的需求。难度最大的就是将其"批量化"。在这之中，我们可选择的余地不大，但总体上，要尽量个性化并且尽量规模化。 模块化的意义就在于可以批量化生产，然后进行个性化组装，这是一个权宜之计。
	大批量，模块化	
	大批量，个性化	
仓储	中央仓	工业化仓储方式。这种方式完全没有体现出互联网的优越性。但是，在实际操作过程中，我们往往很难离开它。它成本低、便于管理，但物流成本相应较高。综合物流上的灵活处理方案，进行需求预测和分仓配货，可能会降低一些成本，提高一些灵活性，但终究无法从根本上解决规模化的个性需求。
	自建前置仓	有资金、有规模，并且货物流转量足够大的企业，常会自建分散仓，其中有一些会成为前置仓，顾名思义就是更靠近销售终端的仓库。这里要注意的是，通常我们说的前置仓都是在中央仓库以外建立的小型前置库存单位。但我们要解放思想，千万不要忘记，在数字生活空间当中，没有时间和空间的限制，分散的前置仓在数字空间中，信息是集中在一起的，和中央仓库没有分别。
	共享仓	租用别人的地方，协同社会中既有的存储空间。各种便利店、小卖部等等，都可以当作这种共享仓。其优点很明显，成本低、建设速度快；缺点也很致命，难以管理，品质不稳定。所以在初期建设的时候，我们往往选择共享仓方式。

续表

模块	状态描述		说明
物流	大仓计划性/规律性发货		当没有大数据的时候，我们只能按照经验和现象来预估到底该往哪里发多少货。这种判断往往不够准确，有可能造成资源和货物的浪费，提高了成本。怎么办呢？很多企业直接将各地分仓、小仓、前置仓作为前哨站，让前哨站的人员根据当地销售的趋势来下订单和发货。但这种方式依然无法避免较大误差和浪费。随着数据的不断积累和使用，我们会发现我们的判断越来越准。等到了一定程度，我们配合前置仓就能够大概判断出哪些前置仓什么时候需要什么货物。这需要极其完备的大数据和人工智能实时分析预测的技术和机制，并配合智能化物流才能办到。
	小仓订单式发货		
	需求预测式发货		
促销信息推送	推送途径	自有平台	无论哪一类型的推送途径，实时、精准，都是必选的选项。通常我们汇总和使用自有平台和第三方平台，自有平台转化率相对较高，第三方平台可以用于拓展和拉新。但我们要注意的是这些平台推送信息的机制，它们是不是依靠大数据进行精准推送，有多精准，有多实时。这和转化率有着直接的成正比的关系。
		电话短信	
		第三方平台	
	推送周期	计划式	在没有大数据的情况下，我们只能以计划式的方式推送促销信息。当有了大数据的支持，同时又有程序化创意和程序化投放工具，我们才能做到真正的动态式推送。
		动态式	
	用户甄选方式	类型化	在工业时代，我们只能进行类型化甄选，向某一类用户推送信息，这和整个工业时代的体系是相关的。而到了数字时代，随着大数据的发展，如今我们已经可以做到按照标签来匹配人群了，这比起人口学特征的类型化要精准得多，而且可以适应动态变化。但直到有一天，当我们的信息渠道可以做到一对一精准触达，并且拥有人工智能技术来进行分析、创作和投放的时候，我们才能真正做到精准化。
		标签化	
		精准化	

续表

模块	状态描述		说明
促销信息推送	推送内容	统一	这四种类型对应四个不同的历史阶段：工业化初期、工业化后期、数字化初期和数字化后期。在最早的时候，我们只能投放一支广告，并没有太多机会做出不同版本的广告给不同的媒体和用户群，而随着用户群不断细分、媒体类型不断细分和精准化，我们开始按照用户群、媒体的不同类型，制作不同的推送内容。而到了数字时代，从最早的 cookies 到后来的大数据标签，我们都可以根据这些线索和数据，为每一个不同的用户制作不同的内容，但由于受到制作成本和制作周期的限制，我们可以做到个性化，但却无法做到实时的动态化，直到近年来出现程序化创意技术，才真正能够做到动态化、个性化制作和推送。
		类型化	
		个性化	
		动态化	
销售渠道	线上销售	自有平台	电子商务时代都依靠自有平台，但这种平台建设和维护成本高，引流难度大，非一般企业所能承受，所以大部分企业都到京东、阿里、苏宁等第三方电商平台上进行销售，就是我们常说的传统电商。然而传统电商的流量成本越来越高，转化率越来越低，纯利润也是渐薄如纸了，这个状态像极了KA 大超市的发展路径。所以各企业都在寻求自己的特殊渠道，而这些特殊渠道，有一大部分被误认为是新零售，我们要睁开眼看，不能单纯迷信新零售这三个字。
		第三方电商	
		特殊渠道	
	线下销售	自有门店	线下渠道自古有之，不必多说，但这里要提醒大家的是，无论在哪一种线下渠道当中，获得自己的用户、数据，并且建立和用户的直接沟通渠道是最重要的，也是最难的、成本最高的。
		共享门店	
		特殊渠道	
信息反馈	自身渠道精准反馈		能够对应个体用户，建立反馈机制，这是第三方平台在当今的技术和商业规则下不太可能开放的一种方式，只能由自身的渠道来进行反馈，并指导、更新、丰富我们第一部分讲的大数据。
	调研、数据推测性反馈		工业时代的调研，不能说是闭着眼睛瞎编，但也存在着相当多的想象成分。

综上所述，大家可以看到服务化新零售都包括哪些内容、哪些模块，而你的企业能在什么样的地方、以什么样的方式、以什么样的程度做到服务化呢？

坦白讲，截止到本书截稿时，我们还没有看到有哪个企业或行业能够做到完全服务化的新零售。我们可以依照现有的科技和商业规则，实时洞察最新的技术并积极应用，逐步在各个模块上进行服务化新零售的革新和尝试。

阶段服务化模式

沿着前面的表格来看，传统工业模式的业务结构在向新零售改革的时候，往往会遇到很多限制。有一些限制使整个模块无法做到服务化，但也有另外的情况，比如可以在某些模块做到服务化，但是无法做到极致。这就是阶段服务化，即阶段性完成每一个模块的服务化变革。

拿大数据来说，我们有完整的全人类的大数据固然好，但问题是我们没有，而且短期之内都不太可能有。如果此时我们手里有3500万用户的数据，能不能先用着呢？总聊胜于无吧？

对于数据重要性的认识，良品铺子公司的表现可圈可点，这在本书案例部分会有详细说明。

良品铺子在早期就开始有意收集和积累各种数据。利用这些数据，良品铺子可以开发、改进新品，可以精准投放广告，可以在精准渠道销售产品。仔细观察就会发现，这种精准其实还是类型化或者标签化的，确实比工业时代的人群细分精准和详细得多，但比起我们所说的数字生活空间中，针对个体需求的、动态变化的洞察和柔性生产，还是有很大提升空间的。

这是技术发展的必经过程。即便这样，如果我们掌握了几千万用户的动态数据，依然能够在这个市场当中占据不小的先机。

在阶段性的新零售模式中，从今天开始积累数据，绝对不晚，绝对有用，绝对会有看得见的进步。

当我们看到了服务化新零售的几种完整以及不完整的形态，各位读者应该对号入座。马云说的没错，未来没有电商，只有新零售。因为电商只是在网络上，而随着数字生活空间逐步完善，它深入我们生活的每个角落，线上、线下会被打通成一个完整的空间，我们的商业活动、生产活动，甚至农业、畜牧业中的各类种植与养殖活动，都会在数字生活空间当中进行。这是新零售真正的战场所在。不进入这个市场，就只能等着落后甚至被淘汰了。

不可否认，由于科学技术发展的限制，在某些环境和领域中，传统的农业模式和工业模式还是根深蒂固、牢不可破，我们有时候也会觉得新零售革命离我们挺远，一切还都处于科幻状态。但其实，新零售以及你认为科幻的一切，就发生在我们的身边，已经发生了或正在发生着。

新零售无处不在

如果你觉得"新零售"这个词离我们很远，那可能是因为当初马云用了"零售"这个词。有人会想，我又不做零售，新零售跟我能有几毛钱关系？但这是服务化新零售关系到我们每一个人每一天的生活。不论企业或普通人，随着新零售大潮水位的逐渐上升，想完全不涉水几乎是不可能的。在城市、农村，在一切有网络、有交易的地方，你可能都离不开我们所说的这种基于数字生活空间的数字服务化方式的新零售。

消费者

我们来看一下现在已经有的数字服务化生活，以及未来不久我们将会享受到的真正意义上的服务化新零售会是什么样子。

先说未来吧。预计在不远的将来，大概 5~8 年，我们将迎来比较科幻的生活方式，尤其在北上广深杭这样的大城市。

想象一下你正坐在家里看电视，比如什么攻略、什么传之类的。这时候你突然觉得肚子有点饿了，心里想，吃点什么呢？于是就顺嘴问了你的智能音箱。

"小爱同学！"

"哎！我在！"这是你的智能音箱在回复你。

"中午吃点什么好？"

"好的，让我来看看，"智能音箱进入计算模式，紧接着它说，"最近天气炎热，预计接下来的一周都是高温，没有降水。你的体重最近增长比较快，体脂含量上升、水分不足，你已经连续 2 天基础代谢不达标。你可以试试饭后百步走。冰箱里还有 3 天前购买的水果，所以建议你吃些蔬菜沙拉、果汁、牛奶。我在饿了么帮你找到了两家轻食店，分别是 Wage 和晓寿司。Wage 在做活动，活动是满 30 元减 12 元。请问你想要哪一个？"

不要惊慌，未来，你会对这种对话习以为常。你想了想，对音箱说："晓寿司吧，订一份带三文鱼的。"

"好的，已经添加至购物车，晓寿司三文鱼鳗鱼寿司套餐 400 克，配中华海藻、味噌汤，共计 52 元，免配送费。你有一张无门槛减 5 元的优惠券，是否使用？"

"使用。"

"好的，使用无门槛 5 元优惠券，订单总金额为 47 元。是否下单？"

"下单吧。"

"好的，已下单，支付后预计 30 分钟送达。请你选择支付方式：支付宝语音支付、支付宝手机支付、微信支付。"

"支付宝语音支付。"

"好的，选择使用支付宝语音支付，请说出你的语音支付口令。"

"朕知道了（这是口令）！"

"好的，支付成功，支付金额 47 元。还有其他需要我帮忙的么？"

"没有啦，小爱同学再见！"

"好的，再见！"

大约过了 20 分钟，饭还没到，你心里着急，于是又找到了自己的智能音箱。

"小爱同学！"

"哎！"音箱回答道。

"我订的餐怎么还没到啊？"

"好的，我查询一下订单，"它又进入计算模式，几秒钟后，它说，"你的订单已经开始配送，骑手距你 12 米，请你耐心等待。"

话音未落，"叮咚"，你家门铃响了。你觉得电视声音太大，于是又说："小爱同学，电视小点声，调到 20%。"

"好的，电视音量调整到 20%。"等电视声音小了，你起身去接配送员送来的餐，然后坐回原位，边吃饭边看电视。

这整个系统服务着像你一样的，但又截然不同的数 10 亿人。

听着科幻不？其实一点都不。除了一小部分，比如大数据的平台打通共享、人工智能需求分析、智能语音识别的连续性语义分析，智能家居、家具、厨具等技术和产品尚未普及，其他的，当下基本上我们都已经能够找到成熟的产品和服务了。

小米在智能硬件上目前显然走得比较快。在智能家居领域，小米有室温和湿度监测、电源系统的智能控制、门窗监测、空气净化和监测、水质净化和监测等产品，还有智能体脂秤、智能手环，等等。小米还在开发冰箱、洗衣机之类的产品。可能用不了太久，这些产品就都能将大数据提供给人工智能，让人工智能以之来分析、服务我们了。

有人会提出质疑，这和新零售有什么关系？

问得好。

这一切的一切，都是我们讲的数字服务化的未来，而支持这个未来的，就是我们所说的服务化新零售了。先通过对大数据的收集、处理、分析，找到规模化的个性需求，然后通过物联网、人工智能、柔性生产把我们需要的东西制造出来，最后通过智能仓储、智能物流再加上信息的精准智能推送，把这些极具个性、定制化的产品送到用户面前。这就是我们说的数字服务化，而这当中的大部分内容，都能够体现在服务化新零售当中。

我们所体会的只是渠道接口部分，就像阿里研究院在发布的新零售模型中说到的，这只是"前台"部分。

B2B 企业

如果你是企业管理者，看到新零售，应该不太会期待和享受，反倒会有些不平衡和难受。这与工业时代早期所流行的"卢德主义 ①"有点类似。因为很多我们习以为常，已经顺理成章的事情，突然间都失灵了，没用了。原来苦苦地工作就能把钱赚回来，而到了现在，不管你怎么苦，可能依然没有生意，穷得叮当响。

倒不是说这世道怎样，也不是有谁欺负我们，不给我们活路。而是我们恰逢一个变革的时代，一个推翻重来的时代。所谓积重难返，越是在工业时代基础强大的企业，在这个时候就越是难以适应。业绩下滑，收入减少，各种改革、变法都不见成效。怎么办？怎么办？怎么办？在企业向天怒吼，心里想着这次一定还要绝地重生、"胜天半子"的时候，其实应该回过头来，打碎自己最核心的、最基础的世界观、价值观，然后重新审视一下环境，看一看自己的业务。

---

① 工业革命时期，机器生产逐渐取代了手工劳动，大批手工业者破产，工人失业，工资下跌。当时，工人把机器视为贫困的根源，将捣毁机器作为反对企业主、争取改善劳动条件的手段，但禁止对人身施用暴力。

　　这么说有点抽象。就拿我们上文举的那个例子来讲。如果你还是抱着工业时代的思维方式在线下开店或开淘宝网店，你觉得在刚才那个场景中，你还有生存空间么？或许有，但那都是被上游各种平台撇脂、揩油、压榨之后剩下的一点渣渣了。

　　如果你所在的是 B2B 企业，你觉得企业拿订单生产，接 Brief（创意简报）服务，一切照旧，不用针对又多又难伺候的个体消费者，也就是那些 C 端。真的是这样么？我举两个例子，一个是典型的生产型企业，另一个是典型的服务型企业，都是 B2B 的，你来感受一下，顺便联系一下自己的实际情况。

　　某 OEM（代工）工厂，专门接收国内外订单生产充电宝。

　　从前，和其他同行一样，这家工厂顺着关系，拿着产品去谈客户，谈订量，谈工期，谈价格。

　　工厂说："这一批次咱们生产 2 万个同一型号的充电宝，开模的钱给你免了。"

　　客户说："第一批要不了那么多，先少做点，5000 个。"

　　工厂又说："那这样，我们有现成的模具，你看有没有合适你的，咱们用现成模具，否则那点利润，还不够开模的钱呢。"

　　在那个时候，客户往往没什么可选的，如果一定要坚持小批量，还不拼版、不拼单，那工厂肯定接不了这个活。不是说不想赚钱，而是这么干起来，根本就不赚钱。工厂又不是活雷锋，就算是活雷锋，那雷锋同志也是需要吃饭、拿工资、养家糊口的啊。也就是说，客户问多了，要求紧了，工厂就会去判断："这个客户今后能不能有大单啊？这个'榔头手机'是不是真的啊，说以后每年做 10 万台以上，真是的话，这一单白给都行啊。要不是，那跟他费这么多话，还不如接着谈别的客户呢。"

结果大概是工厂负责人跟小客户说："行了哥，你这生意我们接不了，而且不但我们接不了，你在全国随便找，没人能按你的要求做。"

可渐渐地，大单越来越难伺候，甲方越来越懂行，利润越来越薄，验收越来越难，钱越来越难赚，还"客大欺店"，甲方甚至不结账，拖延付款。

接小单？人力成本、沟通成本直线上升。与其这么费劲还不如自己做零售呢，一个销售要带十几个客户，每个客户的利润都薄得只买得起一碗兰州拉面。

遇到这样的情况，工厂已经在难受加生气了。可是现在，网上来了个咨询的，问能不能定做充电宝，小批量的。

"多少？"

"嗯，5000mA 的 20 个，18000mA 的 10 个，20000mA 的 6 个。外形设计我们都设计好了，你照我们的图来做吧，一共多少钱？多久交货？"

"这……你没开玩笑？这做不了啊，我没法给你报价，光模具钱估计你就接受不了。"回答这个问题，工厂真是一脑门子汗。

"不会吧，"客户振振有词，"我问过，有人能做，只是他们不在杭州，有点远，我们希望快点，下周一就用。"

"嗯，不好意思，我的信号不好，你重新说一遍吧。"

慢慢地，这样的咨询越来越多。

谁能做到？真的有人接这样"无厘头"的单么？难道不用赚钱，还倒贴？

真有。记得前几年火热的 3D 打印么？现在已经不是什么新鲜事儿了。甭说做 20 个，做 1 个都可以。

东莞市某首饰加工厂有一套网络平台订单系统。用户可以直接在网上 DIY 自己的首饰。拿戒指来说，环型、托型、宝石类型、数量、镶嵌方式等等，都有不同选项。就像一个配菜系统一样，自己往上放。用户设计完成之后，还能以 AR 方式试戴，如果觉得不好看还可以返回系统继续修改，直到自己满意为止。然后，下单、付钱，全都网上完成。订单确认之后，一种类似物联网的东西把订单输送到生产车间，自动配货（订单中所需的各种配件），然后发送到组装车间。组装车间以"人肉智能"的方式进行组装、包装，最后发货。

没错，我说的是"人肉智能"，因为人工智能还做不了这事儿。但"人肉智能"却真的做到了规模化、个性化、实时化的生产，即一种在目前科学技术条件下可以达成的最大限度的柔性生产。在这种生产方式下，B2B 和 B2C 能有多大区别呢？

等到人工智能、物联网和柔性生产线发展成熟，这一切就更不是问题了。早年间我们说的零边际成本的制造，不就顺理成章了么？

不要忽略这样一件事。不论你是 B2B 企业还是 B2C 企业，最终都必须去满足用户的需求，只要用户的需求是规模化、个性化、实时化的，企业的上游客户就也会变成这样。用户需要新零售，上游客户就要做新零售的变革，客户都变了，我们怎么可能不变？

再说某广告公司，其主营业务为接受国内外 Brief，进行广告创意和媒体投放。

早在工业时代，广告公司都是一帮会享受生活的"艺术家"。在他们眼中，找上门来寻求广告服务的企业就是"土"的代名词。广告公司的客户总监们，大都是看着钱、拿着架子，指导性地服务这些企业客户。随着后来电通和一些在生死线上挣扎的本土小广告公司的崛起，这种"大爷"式的服务有所转变，但广告人，尤其是受过 4A 熏陶的"传统广告人"，还是几乎无一例外地坚守着他们似乎与生俱来的对大众广告的坚定和痴迷，以及那种莫名其妙的优越感（笔者本人就曾是其中的一个，直到后来把南墙撞塌了之后，才陡然醒悟）。

那么他们接活儿都是什么样子的呢，咱们举几个经典场景。

第一幕："你不懂，听我的。"

企业客户坐下之后说："各位专家，我们想做一条广告，在中央电视台播出。内容我们想好了，就请著名影星巩俐女士拿着我们的产品说，这是她用过的最好用的产品，就行了。我们计划在中央一套，晚上 7 点 30 分，跟《新闻联播》连着播出。"

"不行，"广告公司的人说，"你的心情我们理解，但这么做不行。一是钱不够，二是没效果。你们如果不懂，就不要拍脑袋，我们有完整的策略指导你们进行营销传播。"

"好好好，你们是专家，当然听你们的，我们不懂这些。"

"那好，第一先确定目标市场。STP，你们知道吗？S 就是 segment，看你怎么来做细分；T 就是 target，也就是看到底是谁，他们的 insight 是怎样的；再给你的产品定义，就是 position。当然还要有你产品的 concept（概念）。Whatever（不管怎么），我们有一套 process（方法）。当然，在这之前，我们先要签订我们之间的 agreement（协议），我们才是你们的 agency（代理）。你们懂了么？"

"哦……"在那个时代，企业客户怎么可能懂这些。

第二幕："不是我们的职责，你自己搞定。"

话说合同也签了，广告也拍了，钱也交了，电视台也播了，但产品销量却始终不见动静，一直没有梦中那种冲天直上的销量曲线，那幻想中的如黄河决堤般的营业额也始终不见入账。于是企业客户找到了广告公司。

"各位专家，我们大概花了我们全年三分之一的纯利投放这条广告，但我们不太清楚什么时候才能有销售额的上升。咱们看是不是能转换一下双方的合作方式，让我们剩下那一半广告预算能发挥更大的功效？"

"什么方式？"

"就是说，剩下的这几百万广告预算，我们把它分成 30% 和 70% 两部分。那 30% 的部分，我们在下一轮广告投放之前，就打给你们；而另外的 70% 和我们产品的销量挂钩——如果产品的实际销量和我们预期的销量持平，我们就给你们这 70%，如果超过了，那我们还会按比例多给你们，但是如果没有达到我们的预期，那就……"

"不行，这不是我们的职责。我们是做传播，不是做销售，这些业绩任务你应该去和你的销售说，而不是和广告公司谈。我们无法控制你们的销量，我们只负责传播。传播得再好，要是销售环节出现问题，比如铺货不到位、终端促销员培训不良、和渠道的关系不好等等，都不是我们可控的，我们不可能为一个不可控的问题承担这么大责任。另外，先支付的这 30% 连我们的第三方成本都不能覆盖，这样我们没法操作。"

对，广告公司就只管传播，其余一律不管，这其实是非常典型的工业时代的"工具型服务"，即我就是你的一个工具，比如一把钳子，至于你拿我这把钳子去干什么、干得怎么样、是不是能赚到钱，都和我无关，你该给的钱一分都不能少。

第三幕："别那么无知，这是不可能的。"

企业客户回到工厂之后，刻苦钻研，给自己找了一种差异化的销售方式，即针对不同的人，说不同的话。广告一律要换成方言版本，广告标题也要改得更有地方特色。于是客户又来到了广告公司。

"各位，我们希望你们能把我们下周要在电视台播出的广告，以及所有促销物料，都换成方言版本，因为只有这样……"

"不可能，你别开玩笑了，这是不可能的。"广告公司的人打断了他的话。

"怎么不可能？重新配音不就好了？画面上的字，改一下不就行了？"

"你能别这么天真和无知么？全部重新配音，我们要把以前的素材重新进机房剪辑渲染，重新出 beta（测试）带，这样的修改跟重新做没有区别。

如果按你说的这种方式，工期至少 3 个月，费用你算吧。你干不？"

企业客户的确不懂，他们提出的需求也的确存在不合理的地方，但他们提出需求这件事本身是正常的、合理的。但工业时代的工作方式限制了这件事情的可行性。也就是说，那个时候的广告人，自己做不到是一方面，高高在上的优越感是另一方面，两方面叠加就形成了"卖方市场"一样的合作关系了。

当然，这种情况也没有持续多少年。随着这些广告公司的"大神"们一步步地被企业客户请到自己的公司做市场总监、广告科科长之后，这些企业客户也就逐渐不会再忍受这种因为信息不对等而造成的被动和屈辱了，企业客户也就逐渐成了广告公司口中的那个"甲方爸爸"。

第二个阶段的国内广告行业，就是本土广告人迫于生存压力而造就的行业地狱。客户说什么就是什么，他们内部有明白人、他们有钱、他们有选择，你不干有的是人干，你嫌钱少有的是人不嫌，你干不了的有的是人能干。所以在这个阶段，客户尽管提要求，广告公司尽管答应，虽然由于技术限制，很多事情实现不了。怎么办？广告公司加人手、降利润、送礼、给回扣，还不行，那就串通行业伙伴编数据、造假象，总之，用尽一切办法保存那仅存的利润。

可以说在这个"青黄不接"的年头中，大部分本土中小广告公司着实活得不容易，两头受气、两头得罪不起——一头是客户，另一头是媒体。

有的同志着急了："你快说到重点了么？"
快了快了。这就说到了。

由于移动互联网时代的到来，最终用户——就是我们说的消费者——的需求越来越个性化和实时化，最重要的是，现在居然有技术可以探测到他们变化多端的需求了。我们没有理由视而不见，即便我们装聋作哑，那行业中的其他竞争者可不一定也放弃追求竞争优势。掩耳盗铃是没有用的，我们只能奋起直追。

在广告传播上，以前那些不可能的、无厘头的要求，现在看起来几乎变成天经地义和必须满足的事情了。

首先，服务费和销售额挂钩。这要求在以前是不可能实现的，在现在却可以。按 CPM（浏览）、CPC（点击）、CPA（跳转）销售，这些在技术上都可行，而且可以多方检测，保证真实客观。你这家广告公司给我做出来的广告不能提高我的销售额，那我为什么还要用你？这话听起来非常理直气壮，但放在以前，客户是说不出口的。

其次，"快速反应，实时调整广告素材和投放计划"。这在以前也是根本不可能实现的：一个 TVC（电视广告）从有创意到拍摄到后期成片，怎么也要 3~4 个月；一个平面广告从有创意到设计 Layout（布局）到拍摄、修图，再到完稿，怎么也要几个星期。实时更新调整，在物理上就是不可能的。但到了大概 3 年前，一家叫筷子科技的公司居然做到了。他们能够利用人工智能在 1 分钟内写几百篇公关稿、画几百张平面稿、做几十套不同版本的 TVC，还能根据预算设定自动投放到媒体上去，一切都在一瞬间以光速进行，以人工智能方式完成。别的公司再说"干不了""不可能"，就显得有些苍白无力了。

用户的要求永远在提高，作为服务者的企业就要不断提高服务和产品水平，而作为服务这些服务者的供应商，也就是 B2B 企业，也要跟着提高自己的服务和产品水平。不提高，就会被淘汰。

换一个角度说一下 B2B 的新零售状态吧。

在工业时代，企业有着"信息不对等"的保护层，基于这种信息的不对等，我们能用比较简单的运作和服务，生产相对简单的产品，赚取相对较高的利润。而互联网这个"怪兽"消除的就是"信息不对等"，一切都在光天化日之下，没有什么秘密，你赚几毛钱利润，提供什么服务，大家都清楚得很。

利润薄了怎么办？增加基数。原来服务 10 个客户能养活企业，现在就要服务 100 个、500 个。边际效应，边际效应，边际效应，重要的事情说三遍都不够。利润不是随着规模扩大而成正比增加的，规模越大，边际成本就越高，利润就越低。怎么办？

别忘了互联网是一个几乎可以以零边际成本运作的空间，也就是在数字生活空间当中，我们可以利用大数据、人工智能等数字技术寻求以零边际成本的方式进行复制和扩张。一方面扩大规模、加大基数，另一方面不降低利润率，这才是我们要找的 B2B 的服务化模式。

边际成本是什么？我们在后面章节会说，这里简单解释一下，就是那些不可被分摊的成本，那些会随着规模扩大而增长的成本，比如原材料、人员工资、场地租金。没有这些，我们就能在扩大规模的同时保持利润率不变。

若能做到零边际成本，我们就能无限扩张客户规模；无限扩张客户规模，就能降低必须从每一个客户那里得到利润率，降低服务价格；降低服务价格，就能获得更大的市场竞争力，就会拥有更多客户。

认真想想看，马云的阿里巴巴是在做 2C 业务还是 2B 业务？他的阿里巴巴、淘宝，就是以一种几乎零边际成本的方式进行扩张的。它们以零边际成本服务上亿卖家，而这些商家，这些卖家，就是阿里巴巴的客户。如果马云利用工业化模式去运营，至少我敢说，杭州的人口不够用。

B2C 企业

我已经有将近 2 年没有进过大超市了。我们周围的环境充满了各种模块服务化的新零售服务，方便至极，这时候你跟我说旁边街道大概步行 15 分钟的地方开了一个零食超市，里面卖花生、瓜子、开心果，只在店里销售，没有饿了么，没有送餐服务，没有订餐电话。让我去？我为什么要去？除非店是我的偶像张学友开的。

以前得跑很远才能吃顿饭，可现在不是，明明动动手指头就能送餐到家，基本上想要什么就有什么，我为什么非要去店里？除非我乐意，否则我是不会舍近求远、浪费时间和精力的。

如果一切都那么方便了，你还保持一种近乎原始的工业化模式，怎么可能得到发展呢？当然，不抬杠，你开个山顶洞人生活体验馆，让人们体验刀耕火种，让人们穿树皮、吃生肉，也不是说生意就一定不好，但那在于娱乐而不在于实用。

在这一章里，我们给大家笼统地解释了我们所说的新零售到底是什么样

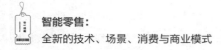

的，力图能让大家有一个感性认识。

在这一章里，我们带出了很多概念，尤其是创意传播管理理论当中的诸多概念。但对这些概念，我们没有详细说明、深入分析。不着急，在后面的章节我们用单独篇幅加以介绍。

第 *02* 章

现象·我们见到过的新零售

在说案例之前，我们先来描述一下新零售整体的发展环境和发展阶段，这样其实有助于我们了解，为什么我们看到的是这些现象、这些企业。我们还能够从中发现一些蛛丝马迹，为自己投身于新零售领域找到一些可能性。

坦白讲，我们并不能通过一本书给大家一把金钥匙，教大家一套九阳神功，我们只是帮大家掀开迷雾，"掀起你的盖头来"，让大家看看新零售到底是个什么样子，以及我们该怎么与之结合，还有别人是怎么做的，这么做对不对。我们基于自己的资源和能力，思考该怎么掀开新零售的"盖头"来，力量小了掀不动，力量大了，就只能掀开"头盖骨"了。

想识别真正的新零售，关键不在于其是不是"新"，而在于其是不是符合数字服务化的核心任务，即实时满足生活者的规模化的个性需求。新的方式太多了，如果说新的零售，那就多了去了。至于那些案例，可以当作开拓思维、开发智力、启发灵感的线索来看。这里我们还是会沿着服务化新零售这条线索来帮大家分析。

当然，你在看过这些案例之后，也可以举一反三地看看周围你所熟

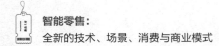

悉的新零售的案例，看它们是不是符合这些条件，你可以从中吸取一些

经验，并将之用于自己的事业。

生鲜超市的新零售：以盒马鲜生为例

为什么要说盒马鲜生？因为它太知名了。

根据百度百科的介绍，盒马鲜生是阿里巴巴针对线下超市完全重构的新零售业态。盒马鲜生是超市，是餐饮店，也是菜市场。但这样的描述似乎又都不准确。消费者可到店购买，也可以通过盒马鲜生 APP 下单。盒马鲜生最大的特点就是快速配送：门店附近 3 公里范围内，30 分钟送货上门。

2017 年 7 月 14 日，马云和张勇等人在盒马鲜生品尝海鲜。盒马鲜生在阿里内部低调筹备 2 年多，随着马云到店走访，这个不为人知的阿里巴巴"亲儿子"被推到了聚光灯下，正式成为阿里巴巴"动物园"里继天猫、菜鸟、蚂蚁之后的新成员。

通过这些配图，我们基本上可以看出，盒马鲜生就是一个现卖现做，可堂食，亦可打包外带的"餐厅"，也有一些评论文章把盒马鲜生定义为"生鲜超市"。我认为，我们可以把盒马鲜生的定位从以下三个阶段来谈。

阶段一：场景式生鲜超市

马云为什么收购盒马鲜生，我认为，这是因为阿里巴巴想在生鲜领域，更直接说是要在线下开拓新的增长点。电商门槛越来越高，成本越来越大，转化率越来越低，利润越来越薄，马云是不会坐以待毙的，以增长迅速又颇具话题的生鲜产品为突破，以扩张迅猛又极具先天优势的盒马鲜生为入口，真是一个双赢——不，加上消费者——是三赢的局面。

但在最初，我们可以看到，马云也不太能确定他所说的新零售到底会怎么发展。当时他所说的盒马鲜生"逛吃逛吃"的状态，就是新零售了么？阿里巴巴最初加入的时候，也只是从支付手段上为盒马鲜生赋能。之后，盒马鲜生则会根据人们的购买习惯，配合人脸检测等等，依靠阿里大数据来实现精准化、个性化，让每个顾客进店后都能有不一样的感受。

其实，我们想想看就能清楚，这种生鲜超市就算打造再多的场景，有再多的噱头，也都无非是传统超市的微小升级，并没有从模式上产生根本上的创新。如果场景能够变化无穷，这没准也能算一种模式，重点还是要看它解决了用户的哪些痛点。就像盒马鲜生后来开了 VR 超市一样，可能也是有这方面的打算与尝试。

但迟暮美人重新化了新娘妆就是新零售了吗？显然不是，而且马云和侯毅也在逐步探索和尝试的曲折道路中，不断向着正确的方向前进。

判断一个模式是不是我们说的服务化新零售，最主要还是看这种模式是不是满足了生活者实时的规模化的个性需求。超市这种形态本来就是一种非常典型的工业时代的规模化、标准化、同质化的商业模式。对于租用场地的 2C 企业来说，可以个性化的机会并不多。

我们在前面简单说过，数字生活空间突破了时间、空间的限制，其利用互联网、人工智能，在低边际成本甚至是零边际成本的环境下，高速甚至是实时地解决规模化的个性需求，使企业能够降低成本、售价，追逐长尾利润。

而处于第一阶段的盒马鲜生就是在线下，它既无法突破时间的限制，又无法突破空间的限制。由于场景化创新，它的边际成本更高，交易速度更慢。哪里来的长尾？又怎么实现规模化？

不用多想，这是条死胡同。幸好有 APP 可以弥补这一切。

阶段二：O2O 融合式电商平台

看到盒马鲜生 APP，你的第一反应是什么？"咦？这和饿了么到底有多大区别？除了能堂食点餐，其他的貌似差不多啊。"

这些话侯毅听了可能会伤心。就我自己的使用感受来说，盒马鲜生 APP 除了货品很新鲜，质量着实不错，配送相对较快，免运费，其他的与饿了么还真没有特别大的区别。这就是新零售么？那饿了么是不是也算新零售啊？

深入探究，其实就能够看到盒马鲜生在新零售上的良苦用心。当然，现在盒马鲜生还是没有达到新零售的标准，这是由于受到了技术限制和盒马鲜生本身的资源限制。

罗马不是一天建成的，更何况是盒马鲜生。不要着急，盒马鲜生目前正处在我们所说的模块服务化的状态，在现有的能力和资源体系下，建立自己的新零售阵地，至于没有的部分，一方面要积极开发，积极寻求合作；另一方面，只能等待科技的进步与普及，这就不是个把企业能做到的事情了。

我在平时讲课的时候经常会讲到早年间在北京红极一时的"e国一小时"。这是一个号称"一小时送达"的早期电商平台，快了整个时代好几大步，在那个物流、支付、信用体系等等都没有建立起来的年代，"e国一小时"硬是挺了好多日子。身先士卒的代价往往是名垂青史。

各位读者也不愿意成为被缅怀的企业和企业家吧，所以这种模块服务化的方式还是很有必要的。那么，我们看看盒马鲜生的服务化新零售都在哪些模块有所体现。

大数据

大数据是盒马鲜生的先天优势，有阿里巴巴强大的数据支持，盒马鲜生在这方面得天独厚。虽然阿里巴巴的数据收集更多偏向订单和支付信息，但随着阿里巴巴收购了各行各业的企业，数据也会越来越丰富。

在我们看来，有三大类数据是必不可少的：订单类数据、资讯类数据、生活类数据。而最核心的恰恰是目前最缺的生活类数据。

这三大类型的数据，会勾画出完整的生活者画像，我们能从中对他们的生活轨迹、喜好、需求、购买习惯、购买力等方面进行预判，然后才能据此来指导生产和销售。单纯的订单数据，多少显得有些片面。

例如我是一个小公司的采购员，公司天天采购一次性纸巾、筷子、桌布什么的，都记录在我的账户当中，那这是我自己的消费需求么？显然不是。这种大数据的片面性会带来判断的失真和失准。如果对需求的判断是失真的，那么后面的一系列工作，就都会"失之毫厘，谬以千里"，问题将越来越大。这也就是我们看到盒马鲜生还没有真正发挥这部分大数据的威力的背后原因。

柔性生产

柔性生产，顾名思义就是生产不那么"硬"，要更灵活，要根据需求甚至预判需求来生产。

我们无从知晓盒马鲜生是不是已经在背后这么做了，但就我自己的体验来说，盒马鲜生还是不太能知道我想要什么，也不太会为我生产什么。

比如昨天我想喝莲藕排骨汤，我就在盒马鲜生APP里点了排骨，点了莲藕，然后又去看了看别的，等到我回头来付钱的时候，盒马鲜生告诉我说排骨没了。

这显然无法满足我的个性化需求，我只能去饿了么看看有没有排骨。如果盒马鲜生有柔性生产的能力，可以给我生产点小肋排，哪怕是两斤腔骨也行啊。但盒马鲜生不是魔术师，不是上帝，它不能凭空造出两斤排骨来。排骨是"二师兄"身上的，得经过繁殖、饲养、出栏、检疫、屠宰、加工等环节，我突然下单，让盒马鲜生瞬间给我拿来，实在是有点强人所难。

反过来看上面说的大数据。就算我数据齐全，盒马鲜生 APP 也侦测和判断到我在这个时候需要两斤排骨了，但就愣是没有货，又能怎么办？总不能从自己身上卸出几块儿来给我煲汤吧？

这就是科学技术的限制，这些限制不光出现在这个环节上，其实在各个环节上都有。不同的领域遇到的问题不一样，但都限制了企业实时地满足用户的规模化的个性需求。

首先，预判用户需求这事儿还处于科幻状态，人工智能还不够发达，大数据也不够完善，但是我们已经可以做到一定程度的预判。

其次，柔性生产，至少在一定程度上是没什么希望的。这牵扯到工业、农业、畜牧业整体升级和科技进步。

但请注意，柔性生产在盒马鲜生这个领域不可能实现，不代表它在所有领域都不可能实现。保时捷早就依靠智能化生产线配合物联网做到了柔性生产。所以请客观判断你自己所在的行业和领域是不是能够进行柔性生产。

渠道

渠道包含仓储、物流、配送等多个环节。这些环节无一例外都要在大数据的协同指挥下才能发挥作用。没有大数据，它们就像新生儿刚到这个世界上一样，什么也不懂，就像性能卓越的电脑没有装操作系统一样，发挥不出能量。

我们能看到盒马鲜生对线下店、前置仓、配送队伍的积极建设。当这些体系都建设好之后，有朝一日大数据一来，它们就会如行云流水一般发挥作用。

布局是何等的重要。旱季修筑水渠，旁人看起来好像是有点儿傻，但我们要知道自己在做什么，在等什么，以及等来大水之后我们能做什么，这样才能统筹全局。

想想看，京东开那么多便利店干什么？掌柜宝是干什么用的？这些我不想写到书里，大家可以沿着我们说的模块服务化的模式，再根据盒马鲜生的发展轨迹，判断一下。

大家的目的地是一致的，即实时地满足规模化的个性需求，但"山路崎岖"，难以判断到底谁更快一些。终点就在那里，谁先到，谁就能得到更大的市场主动权，后面再来的，就不一定能有机会了。

盒马鲜生不具有生产优势，所以在渠道上花重金、下力气，一口气开那么多门店还是有道理的。但是盒马鲜生还是要解决一个摆在眼前的问题，就是门店的坪效问题。在分摊成本的同时，如何保证线下门店自身的盈利能力？如果不能够盈利，那这些花了大价钱建立的前置仓是不是多少显得有点奢侈呢？是不是京东直营的京东便利店和加盟的掌柜宝会比前置仓更巧妙和高效一些呢？

人们有去线下超市的刚需，毕竟我们的四肢到目前还没有退化。但问题是，线下超市到底应该以什么样的模型去吸引用户？我总结了一下，大概是这么个公式：

$$线下超市引流能力 \approx 刚需 +（弹需 \times 方便程度）$$

刚需是指那些不受价格影响的需求。弹需则是受价格影响的需求。我们可以这么说：受价格影响越多，这个需求就越具弹性；受价格影响越少，这个需求就越具有刚性。

比如呼吸。如果吸一口气 10 块钱，你能说"算了，我嫌贵，不喘气儿了"？但是"呼吸长白山天然空气，一口气 10 块钱"这事儿你就得考虑了，"是不是有点儿贵啊，1 毛钱一口我可以试试。"这就是刚需和弹需的区别。不是我抬杠，这在医院 ICU（重症监护室）里会经常出现。"血氧饱和度下降到临界值了，上不上氧气"，回答当然是肯定的。但要问到"上以色列进口纯氧还是国产纯氧"，你貌似就要想想这二者的差别了。

那么，我们来模拟一下盒马鲜生的线下门店，看看到底有什么可以被当成消费者的刚需呢？不能瞎想，要结合盒马鲜生现有的资源和优势。刚需得是餐饮，不可能是别的。现挑、现买、现杀、现做，口味你不用嘱咐，大数据里都有，你是爱吃红烧的、清蒸的还是刺身，到以后，可能连放多少盐、放多少糖、几分熟都能事先知道。盒马鲜生就像你的专属厨师一样，对你门儿清，体贴，无微不至。

有了这个刚需之后，后面加码的就是那些弹性需求。都说了是弹性需求，那么，该怎么增加吸引力呢？想必是要尽可能方便。要多方便？人有多懒，门店就要有多方便。所以，这种方便是无极限的。

举例来说，假如第二天是工作日，我们在就餐区旁边放置豆奶、面包这些早餐。根据生活轨迹的大数据，我们还能知道每个顾客在什么地方上班。如果他就在附近上班，APP里推送一种营养早餐，附带优惠券，顾客在结账的时候，顺手就把第二天的早餐也订了。等第二天到了办公室，盒马鲜生的送餐员就把早餐送到了。这可比在地铁站里拿着鸡蛋灌饼喊"一、二、三"要轻松惬意和小资得多。所以，弹需，不要紧，附加方便就可以。

那假如明天是休息日呢？一样啊，没区别。顾客在家得吃中午饭吧，让他订明天的午餐。如果大数据足够多，还能知道他周末一般都愿意干什么、几点起床、爱去哪儿逛。配合多元化的产品结构，能不能推送销售电影票？围绕需求，不拘一格，沿着场景，不顾一切。万事皆有可能。

促销信息推送

我还没有找到完全能够满足服务化新零售需求的信息推送平台。我跟网易和今日头条的工作人员都讨论过，得到的答案是："目前没有这样的开发计划。"基于这个情况，盒马鲜生也不太可能有什么惊天大动作了。无非是一些传统做法：自有APP，自有微信公众号，阿里巴巴系统引流。真正意义上的精准推送引流目前还是很难做到的。

也就是说，即便有了大数据，渠道也建好了，库存、物流、配送一切都顺利，你作为个体的目标用户，也没有机会知道这一切。这就好比是一个话剧团精心准备，刻苦排练，终于排好了一出旷世大剧，在准备演出的时候却突然发现："哎呀，没有剧场。"于是，前面准备的一切都白费了。

盒马鲜生也如是。我们能够看到其在后台和前台的准备，但并没有实时的、精准的、个性化的信息通路，能让你知道它为你准备了这些。它还是像工业时代一样，坐在那里等着你来，等着你打开 APP，等着你想起来到盒马鲜生去逛逛，它前面做的那些才有点意义。

没办法，我们只能等。等这一系列的新零售基础建设都完成了，才能真正用到新零售上。在这之前，就是各种布局，完善自身，伺机而动，厚积薄发。

阶段三：服务化新零售平台

在法律允许和用户许可的情况下，用户在我们可探至的范围内所做的每一个动作，我们都要进行收集和积累，并将之用于丰富我们的大数据。

最早的数据来源其实也说不好是在哪个阶段，每个阶段都既是开始又是终点，既是终点又是新一轮的开始。

我们的初始数据都是从哪里来的呢？我曾经尝试过和各种你能想得到的数据源沟通合作，但结果都不理想。其实想想也知道，人人都明白数据的重要性，谁会把这么重要的看家资源随便出让呢？

不论以什么样的方式开始，我们都要从今天起就开始积累数据。不怕少，积少成多，"不积跬步，无以至千里"。

CRM、微信好友、微博粉丝都算，都是个开始，都是个起点，都是个入口。之后就要根据我们的业务发展方向建立自己的大数据标签系统。到底我们更关注哪些内容？哪些内容能够指导我们的生产和销售？一般情况下，我们不能等到要去做分析了才发现"哎呀，并没有这一类标签"，要先进行业务的分析，定好算法和模型，才能规划要收集哪些数据。

在第三章我们会跟大家详细说大数据，在这里不多说，但是大家要有意识，即所有的新零售的机制，都建立在大数据的基础上，没有这个，一切都是闹着玩儿。我们盼着有朝一日，所有大数据能够以一种合理、合法并且安全可靠的方式被共享出来。

在此，我们顺带讲一下与盒马鲜生类似的超级物种。

超级物种是腾讯和永辉超市合作的一款新产品。网上有很多人做过评测，把两个"超市"（姑且先这么叫）的地理位置、面积、布局、SKU 数量、品类分布，还有内部区域的命名、收银方式、收银效率，都评测得很细致，但这几乎都是基于超市这个基础商业模式来进行评测的，对我们来讲没用，我们要看的是新零售模式。

我曾经去过位于北京长楹天街的超级物种。如果说盒马鲜生给我的感觉是"超市＋大排档"的话，那么超级物种给我的感觉就是"大排档＋超市"，其他没什么分别。至于在对规模化的个性需求的满足上，我也没看到什么明显的不同。

与盒马鲜生一样的地方就不多说了，当看到超级物种之后，我心里有一种莫名其妙的着急。既然是腾讯旗下的，超级物种应该从数据层面、物流配送层面，以及电商引流等层面多和腾讯关联一下吧？但超级物种到目前为止还是一个比较标准的传统超市的形态。

服装连锁的新零售：以优衣库为例

在很早很早以前，优衣库就非常重视线上和线下的数据整合与联动了。那个时候很多人都在研究它、评论它，说这是一种O2O方式的胜利，值得学习。

APP

伴随着"两微一端"（微博、微信、手机客户端）的热潮，优衣库做了客户端应用的尝试。然而和其他品牌及企业不一样的是，优衣库的 APP 做得十分简单甚至简陋，只有登录、展示、查库存、店铺导航这些简单功能。

当继续点击页面，我们的心理预期大概是它和其他电商平台一样，有详细的产品介绍，我们能将产品放入购物车，付款，并填写地址。

可事实并非如此。

在产品详情页面里，你点击"立即购买""图文详情""用户评论"等，都会直接跳转到优衣库天猫旗舰店。也就是说，优衣库这个 APP 压根就没有购物功能。

我觉得这么做很有道理。优衣库本身希望踏踏实实卖衣服，没必要去和大平台竞争。天猫已经提供了完备的功能和保障，比自己开发、自己维护、自己引流要划算得多。

数据呢？没错，也不耽误收集数据。优衣库 APP 里有不少数据，配合阿里巴巴的订单数据，在优衣库初期的新零售（人家可能不是这么叫的）建设中，已经够用了。

好了，这是线上。优衣库以一种非常简单、快速、便捷的方式完成了线上的电商平台搭建。

我记得，还有一家非常了不起的企业也是这么做的。那是一家生产运动服装、体育用品的企业，是个大品牌，在奥运会上超越了阿迪达斯成为全球的焦点。

简单地说，那家企业搭建了独立的品牌电商网站，也在其他平台上销售，参与电商的各种促销活动，线上的销量一度直冲云霄。线下的门店因为成本较高（当然，当时大多数服装企业都遇到了这个问题），成了名副其实的"试衣间"，顾客在店里看，在店里试，看好了在网上买。没错，背着抱着一边沉，左兜放右兜，反正都是自己的品牌挣钱。但经销商不这么看，这种模式严重地打击了线下的销售系统和经销商伙伴。

其实这是一个内部管理的问题。要做到线上有销量、线下有绩效，除了要处理一些比较简单的技术问题，更多的是要调整整个公司的财务、行政，以及业务制度、结算制度，同时还要开发与之相配合的内部管理系统软件。

线下店铺

说到线下店铺就必说店铺的选址。到底店开到哪里会火？在以前，谁都不知道。肯德基号称有一套非常完备的选址规则和考评体系，从城市人口规模到消费水平，从商区商圈到人流动线，从门店外部视觉的规划、引流、拉TC（客流量）到动线上的截流点的管理，特别高深、特别学术。我都记不住，更别提使用了。

这种缜密而科学的方法真的不会失败吗？我看也不尽然。肯德基卖得不好、客流量少的店，也不是没有。

新零售时代，我们怎么确定店铺选址？优衣库大概是这么做的：优衣库先用电商平台收集到的数据来分析订单的地址，结合客户的生活轨迹，找到到底是哪些人爱买优衣库，他们都聚集在哪儿。

数据有了，我们还需要纠结、拍脑袋吗？比如，电商订单显示，销量排前10的区县之中，有一个地方是安徽随州曾都区，这里的订单量排名第7位，但是却没有优衣库的线下店。我们要不要开上一个星期的会，不吃饭，不睡觉去讨论该不该在这个地方开店呢？应该不用那么费劲，可以直接拍板吧？

如果说优衣库也是新零售的一种形式，那我觉得它只能算是一种模块新零售，也就是把O2O运用得较为得当。新零售中核心的部分，也就是对实时的规模化的个性需求的满足，并没有太多体现。优衣库在"双11"期间做的各种VR抢红包、找红包活动，包括2017年"双11"轰动整个行业的线上下单、线下提货，瞬间有了好几亿元销售额的事情，都不能说体现了多少新零售的特征，我们只能将之统统归到线下体验和O2O上。至于新零售的其他部分，优衣库的案例并没有太多可以借鉴的地方。

是不是作为一个服装企业，就没有办法在新零售行业有什么建树了呢？当然不是。

大数据

我们一般把数据分成订单类数据、资讯类数据和生活类数据。这三种数据目前是互不打通的，除了用"人肉智能"的方式去拿标签分析、判断之外，很难有什么算法去利用计算机的强大算力算出结果。但有的活动其实可以在一定程度上打通一部分数据，这些数据线索就可以真正成为企业自己的大数据基础了。

举个例子。陈冠希新推出一套潮流服装，买手店就在微博、微信、论坛、贴吧等地方开始做预热，以 social（社交）活动吸引大家，话题大概是"# 我们与 CLOT 一起见证，真秀场不做内心的囚徒 #"，然后联络各界"大 V"，掀起"首件""首买""首秀"等抢购活动，引导用户在淘宝上参与预售并交付定金。

交付过定金的用户，需要在买手店指定的平台上提交支付宝账号并捆绑认证，才有可能获得"首件""首买""首秀"的奖励，没中奖的，淘宝会退还定金。

从这里可以看出，定金、销量都不重要，重要的是，品牌以活动打通了这些平台的数据。有了一个线索，才能知道用户个体是什么样子、在干什么、在哪里、需要什么，才能为其量身定做产品，为其进行个性化服务。

在这个比较小众的潮流服装文化圈中，我们可以这么做。但试想，如果是在一个大众产品市场中，一个中小企业凭借这样的一个或几个活动所能获得的和打通的数据就非常有限了。和市场本身的规模比较起来，这点数据就显得有点杯水车薪了。但是，这的确是一种办法。

柔性生产

服装企业相比于其他类型的企业，更容易做到柔性生产。耐克就支持消费者在线定制属于自己的产品。消费者可以以一种模块化的方式对运动鞋的颜色、款式进行组合定制，然后下单付费。当然，这需要有强大的技术、出色的物联网和订单管理系统，还需要有专门的零配件生产和管理体系。这是一个发展方向。不一定所有企业都能定制运动鞋，但像 T 恤、卫衣等产品的纹样、图案定制，却是完全可以实现的。

淘宝上已经有很多基于热转印技术定制单件 T 恤、卫衣的店铺，我们只需要把这样的技术结合用户需求，就可以在一定程度上完成产品的柔性生产。

渠道物流和配送

优衣库的方式是"你来拿"。这一方面基于优衣库线下门店的庞大数量，另一方面也因为顾客对服装这类产品的时效性要求没有那么高，所以优衣库并没有在实时配送方面做出什么明确的动作。

从实际体验来看，优衣库的前置仓管理确实有点乏善可陈。笔者曾经多次在线上买单、线下提货，但几乎没有一次购买行为能够顺利完成，断码、断色、断样式的现象不在少数。

去过优衣库的朋友们大概都有体会，产品就是摆在货架上的，可能 5 分钟前还有，但在你下单的这一瞬间，线下有一位消费者也正好把它放在购物框里去结账了，我们就只能看到平台里显示的该店铺缺货的信息。

这还是和大数据的积累、挖掘、使用有关。在柔性生产的可行性更大的行业领域里，我们可以把前置仓改成前置车间。就拿热转印 T 恤来说，完全没有必要把个性化的物流派送浪费在从中央工厂到前置仓的过程中。由于生产过程相对简单可控，我们完全可以把生产线前移，把中央工厂转移到离用户更近的前置车间当中，而原料、零件依然用以前的大货方式和集中物流方式进行补货。

换句话说，企业不在位于开发区的大车间里生产了，而把相对统一的 T 恤、热转印机、打印机及其他耗材挪到各个商圈，租间地下室，将之当作自己的前置车间。如果嫌这种事情成本高，我们可以再把服务化的模式搬过来，进行社会协同，用社会既有产能来完成这件事，比如现有的裁缝店。我相信每个商区、每个小区，甚至每栋楼里可能都有裁缝店。与它们合作，能免去不少成本。协同生产，前置生产，再去协调城市内的短距离配送，这就解决了实时的物流配送和外带仓储的问题。

方法很多，不一定用哪一种，但要解决的核心问题都是一样的，就是满足用户实时的规模化的个性需求。

促销信息推送

目前我并没有看到优衣库有哪些明确的、精准的促销信息推送方式，我们还可以继续以刚才说的陈冠希潮流买手店为案例表述这个逻辑。

潮流服装这个领域比较特殊，虽然小众却极富话题性，所以我们可以看到的是，潮流服装在各种社交媒体上都很容易引发传播效应。它在我们说的四大社会化媒体（即时通信、自媒体、朋友圈、论坛），都有着相对比较完整的管理方式和体系，所以在信息推送方面，也就会比较容易达成。

即时通信

所谓即时通信，大多指的是 QQ 聊天、微信聊天等等这些一方说完另一方立刻就能听到语音或收到文字的通信工具。而我们更常用的通信功能就两种：一是群发，二是群聊。

一般情况下，最核心的用户才会出现在专门的潮流服装粉丝群里，成为传播信息的"种子"。我们也着实应该努力培养这个类型的"宣传员"和"评论员"，因为他们在新零售领域是非常有用的。

企业把信息第一时间推送到这些渠道，而这些渠道中的用户除了自己消化这些信息，还有一项更重要的任务，就是把这些信息推送到他们的传播环境当中去。当然，这其中分享的激励、诱发机制必不可少，我们不多说，相关内容各位读者可以参见我们的《数字营销传播实务》。

时趣互动的创始人曾经提过一个说法叫"波纹效应"，我们认为这种形容恰如其分。要想形成波纹，要想在人群中扩散开去，就一定要有颗激起波纹的石子，而这颗石子，就是粉丝群里的某个人、某个话题、某种素材。

微博和朋友圈

微博与朋友圈截然不同，微博以话题和兴趣聚合信息，朋友圈以人际关系聚合信息。机制不同，方式不同，传播的内容不同，传播的目的不同，传播的效果也不同。绝不存在同一个素材信息可以原封不动地复制到这两个平台当中的情况。如果这么做了，只有两个原因：一是不懂，二是懒。

具有足够大的潜在用户基数，事件具有足够的话题性，就可以在微博上传播鼓动一番。在这里，大家不在乎互相认不认识，只看话题。谁和谁怎样了、谁把谁怎么着了、谁出了个什么事儿，这些八卦会在微博里形成话题，在话题把这些潜在用户组织起来的同时，企业也获得了使信息在人群中扩散的机会。

具有更多人际沟通、人际关系特性的，专注于某一个行业、某一个群体的事件或素材，都可以在朋友圈里"火"一把。在这里，人们不太关注事件本身，而关注人际关系。闺蜜家"4 个月的小公主也穿上了陈冠希同款",你好意思不去点赞吗?"快来帮我投个票,第 7 个,我在赢取 Nike 的一双限量版球鞋,帮帮忙。"你能说不管他?"5 人成团,Gap 5 折,我们办公室有 4 个人,还缺 1 个,谁来?"这种内容都是基于人际关系向外传播的。

论坛

论坛到现在还一直保持着用户匿名的特性,这实在是非常神奇。

在垂直领域往往会出现人气很高的论坛。陈冠希粉丝会、张杰的星星后援会、捷达车友会、碧桂园小区业主论坛、新妈妈论坛、离异单身论坛等等,都是话题和内容非常活跃的地方,也是我们该去经营的地方。

匿名的好处就是话题讨论会很激烈,产生的 UGC(用户生成内容)也非常多。我们畅所欲言,反正关了电脑也不知道是谁说的。这也是这类社交媒体不仅没有衰落,而且到现在还非常火爆的原因。

精准媒体

这里指的不是分众传媒的液晶屏幕、楼宇广告,而是依靠大数据精准投放的广告媒体。坦白说目前还没有精准媒体,不是技术不行,而是不合法。我们等待一下,可能以后会有解决方案出现。

短信可以,但是短信几乎都被我们屏蔽了。APP 里的推送也可以,但是目前却都不够精准,而且没有完整的商业化的解决方案出现。

快消餐饮的新零售：以良品铺子为例

说到良品铺子，貌似很多人都知道这个品牌，很多人都吃过它家的产品。

为什么举例良品铺子呢，因为它体现了很典型的阶段服务化的新零售形式，可以说，我们所描述的服务化新零售当中的每个环节，良品铺子几乎都有涉及，而且都有了一些布局和建设，正在逐步运转。只是由于我们之前说过的各种原因，这些数字化技术还没有办法像我们设想的那么深入，那么自动化，那么智能，那么精准和实时，仅此而已。

2018 年年初，良品铺子高级副总裁赵刚博士在一次会议中分享了他们公司的新零售从缘起到未来的进程。

赵刚博士在演讲中提到，良品铺子在飞速成长的这些年主要做了三个层面的事情——"积累大数据""洞察用户需求""建设线上线下统一的智慧门店"。

其中有一些重点信息我们不能错过。

第一，良品铺子从开设第一家线下门店开始，就非常重视用户的个性化需求。这可能是创始人极具前瞻性的个性使然，也可能是一种运气。良品铺子对用户个性化需求的追逐，恰恰适应了互联网的发展变化，也就是说良品铺子迎合了用户日益增长的规模化的个性需求。或许也是因为这个，良品铺子才不得不继续建设大数据和智慧门店等项目，向着新零售靠拢。

第二，在创业初期，良品铺子就将公司全年的利润投资在数字化改造中，邀请了世界级的公司协助进行数字化建设，打造信息化管理系统。起初，良品铺子的数字化看起来可能只是一种 CRM 系统，也有人称之为 SCRM（社交化客户关系管理）系统，但这却是积累个性化用户数据的前提。所有用户的购买行为、标签画像，都是基于这种系统被加以分析的。

第三，良品铺子拿着数据不是为了分析业绩或是为了用 DM（直邮广告）发送促销信息，而是为了分析和挖掘用户的个性化需求，然后开发新产品。这几乎就是 1.0 版本的柔性生产了。

第四，建设智慧门店的意义非常重大。其中有一个小线索可能会被我们忽略，那就是良品铺子的用户系统是打通的，是线上线下一致的。智慧门店有什么用？可以用于用户体验优化、前置仓建设、用户数据采集，当然还有销售，而这些，都贯穿着一个统一的用户识别系统，即良品铺子的会员系统。建设智慧门店的意义并不在于能为新零售做出什么跨越式的促进，而是相比其他零售企业、生产企业来说，良品铺子打通线上线下的用户数据的时间，比别人提前了很多。可以这么说，如果没有打通线上线下的用户数据，我们就无法洞察和找到一个个既有个性又精准的消费用户。在以前，线上是线上、线下是线下，同一个人在线上和线下有可能表现得截然不同。不打通用户数据，我们就只能了解"半个"真实的用户。

我们不妨利用服务化新零售的那几个模块，分析一下良品铺子到底是怎么去建设这些内容的。

大数据

2008 年是良品铺子收集和管理大数据的开端。我们都清楚，大数据的根本还是"全体数据"，而这全体数据，一定是在时间上不断增长和变化的。

时间越长、范围越广，数据才越有价值。2008年至今，这么多年的积累不能不说是一种先下手为强的优势了。

我们看到，良品铺子的门店信息化管理系统不但可以记录订单，还可以记录SKU、售价、销量、订单库存等一系列信息。这和我们刚刚说到的优衣库就形成了鲜明的对比。优衣库的大数据基本上只被用来指导店铺选址，管理产品库存，而良品铺子的大数据包含了从研发到销售的所有结合点。我估计良品铺子的创始人和高层在2008年建立数据库时并没有想那么多，至少不会想到10年以后会有新零售，但是这种做法却无意间给良品铺子未来的发展铺下了一条很好的路。

顺着赵刚博士那次演讲中的时间线索，我们发现，随着良品铺子门店数量的增加，补货的难题也出现在眼前。于是，2009年良品铺子又在原有系统的基础上，开发了仓库信息化管理系统。新零售有着"大数据驱动一切"的特征，产品库存当然也受到大数据的驱动。

2012年，也就是良品铺子已经在数字化管理、数据化管理工作中奋斗了4年之后，其天猫店才上线。所以2012年，良品铺子又遇到了O2O的问题，也就是门店里的货和工厂中央仓库中的货怎么配合、怎么灵活运用的问题。这也是我们举例优衣库时说过的问题。

良品铺子发现仓库里的东西卖完了，线下门店的货却"躺"在那里"干着急"，就和之前的大手笔一样，请了IBM和SAP两个超级巨头，把电商、门店信息、库存等系统打通，形成了一套颇具规模的大数据体系。这相当于说，良品铺子这时候拥有了一套比较完整的骨架。"骆驼"的结构已经有了，再怎么瘦，也肯定比"马"大了。良品铺子就在这套大数据体系上，逐步增加各种接口，丰富各种功能。

除了订单类数据，良品铺子完全也可以接入我们所说的资讯类数据，比如今日头条、网易新闻中的数据。还可以接入生活类数据，比如高德地图、爱奇艺、小米智能家居中的数据等。

订单类数据、资讯类数据、生活类数据这三类数据如果全都有，并且足够多，还能通过手机号、淘宝账号之类的线索，打通分散的账号，那这将是在当前这个时期极其罕见的真正意义上的新零售大数据。从理论上说，一旦拥有这三类数据并且将之打通，良品铺子就可以了解每一个人的实时化需求。

"哎呀，我怎么那么想吃鱿鱼啊！"这件事情不是空穴来风，而一定是符合你的各种习惯，符合你近期受到的某些引导、刺激的——吃鱿鱼不是偶然性事件，这事儿是有迹可循的，这"迹"都在大数据里。良品铺子可以知道你的需求，可以将之预测出来，预测出来的时间至少够其给前置仓和线下门店发货和补货了。

请一定记住，大数据驱动一切。我们要接着说的下一个环节，依然离不开大数据。

需求洞察

本书在列举其他案例时，都没有写到这一块内容。不是不需要，而是这些企业做不到。但良品铺子是可以做到的。随着数据越来越多、越来越完整，在资金也宽裕的情况下（看起来良品铺子不太在乎资金是不是宽裕，只要想做就会做），良品铺子可以进行数据的挖掘运算，洞察消费者需求，最终满足消费者动态的规模化的个性需求。

据悉，良品铺子 2017 年全年客流（包括线上线下各种渠道）超过 3.5 亿人次，全网顾客声量数据（如转发、点赞等）达到 2225 万条，全网评价数据为 2199 万条，每个月新增的各类信息数据总量超过 1TB。在这些数据的基础之上，良品铺子才有可能进行深度的数据挖掘，发现消费需求，找到产品改进、更新的方向。

没有大数据，就算不上新零售。只有依托于庞大的数据，企业才能精准地找到这些规模化的个性需求。

另一个问题接踵而来，那就是速度。

实时性是动态需求的一个本质特征。比如中午吃完饭，我想吃点酸的，现在就想，现在就要，过时不候。如果不能及时探寻、及时引导、及时交易、及时送货，那这个需求、这个生意机会，可以说是稍纵即逝。如何能高速处理这种需求呢？

答案是超级计算机、人工智能。不但要能算，还要知道怎么算，随算随做判断。人工智能到现在还没有被大规模应用到实际生活和生产当中，那么我们只能退而求其次，进行"人肉智能"的工作。细节不必说，这肯定不如超级计算机那么高速，但也是一种处理动态数据、寻求个性化需求的方法。

柔性生产

洞察了需求之后，就要直接对接生产，否则这洞察就丧失了意义。

良品铺子的行业属性决定了它可以进行一定程度上的柔性生产，但原材料的问题良品铺子无法解决。

良品铺子做的是零食，零食的原材料非农即畜，这些都有其生长规律，是人类无法左右的。这就很难做到柔性生产。

举个简单的例子你就明白了。

在我们采访赵刚博士的时候，他提到了一种产品——大枣。

大枣一年的摘果期就那么几天，怎么做到柔性生产？要是大年三十你想吃，我不可能按个按钮，让冰天雪地里的树瞬间结果子，目前也没有高科技的设备可以 3D 打印出来一筐枣，真打印出来估计也没人敢吃。这是技术的局限，我们只能在技术允许的条件下进行柔性生产。

我们在服务化中常提到单元化、模块化。你想吃枣，良品铺子有小包装、单元化的各种枣，还可以按照你的个性化需求进行组合包装。这不是什么高科技吧？是可以达成的吧？更重要的是，很少有人吃枣是 2 斤 2 斤地只吃枣，多半都是综合需求，要点蜜枣，要点花生，要点巴旦木，要点牛肉干，什么都来点。这也就为我们说的一定程度上的柔性生产提供了可行的空间。

事实上，良品铺子做的不仅是这些。它在各道工序上，都进行了数字化介入。包括物联网以及各种可以实时化操作的数字技术，良品铺子都在逐步尝试和升级，力图让这些变得可控、自动化、智能化，能够被大数据所驱动。

虽然现在还未实现，但随着技术的发展，我们会在不久之后看到这一切的。

终端、仓储物流和配送

终端、仓储物流和配送这些环节都是依靠良品铺子的大数据系统来驱动的。

在良品铺子选址开店的历程中，前期当然有类似肯德基的开店评估机制，但是到后来，当大数据系统运转起来之后，近4000万会员用户的数据、一张清晰明确的重点用户分布热力图，就随时地、动态地展现在良品铺子的工作人员眼前了。

在哪里开店？看看热力图，当然是在目标人群集中的地方。这个道理谁都懂，但问题在于，在没有大数据之前，我们并不知道目标人群在哪儿，只能靠猜。两眼一抹黑，壮着胆子下赌注，然后摸着石头过河。现在一切都清晰明朗了，完全不用犹豫，也没有那么多猜想的空间和必要。

门店既是销售渠道，又是前置仓。良品铺子从2009年开始运行仓库信息化管理系统，系统当时就能够在4个小时内反馈每家门店的订货需求，如今，在所有系统打通整合之后，它就更能通过对大数据的挖掘来预测需求，预测哪些零售店需要哪些产品。

往往门店的货还没有卖完，大数据系统就预测到哪几类产品可能会在下周售罄，进而快速补货，适量补货。这节省了库存成本，降低了库存压力，还能保证产品日期新鲜，提高产品品质。等这套系统稳定并且完善了，像是否需要添加各种必要的防腐剂这种问题，都是可以考虑的。广告里总说"像刚做出来一样新鲜"，干嘛要"像"？如果仓储物流和配送系统配合大数据和人工智能，能够做到实时，那产品就是刚做出来的，根本不用"像"，更不用添加防腐剂了。

终端配送在目前更加成熟和简单。饿了么、美团、百度等都有自己打造的并且是对外开放的配送系统，效率不错。除了个别配送员态度不好，其他的表现都还比较令人满意。

促销信息的推送

促销信息的推送基本上可以分成两个部分：自有平台推送和第三方平台推送。

良品铺子的优势在于动手早。截至 2018 年 1 月，良品铺子有将近 4000 万精准的、稳定的、忠诚的用户粉丝。别的不说，在微信公众号里定向推送一条产品促销信息，卖空个把城市仓，并不是什么难事。

有用户基础，而且用户基础掌握在自己手里，一切就是那么轻松惬意。但话说回来，积累这些资源的过程可一点也不轻松。这就像我们写一篇微信文章盼着"10 万 +"，结果阅读量却怎么也超不过 200，人家咪蒙一篇文章就好几百万的阅读量。为什么呢？还是基数的问题。

如果你也有几千万订阅用户，那么你大可以在自有平台上推送，并以这里为传播的主阵地，因为这里更稳定、转化率更高、成本更低。但如果你没有这么多用户，那就要借用第三方平台，花些不算低的成本，来尽可能多地获得用户。

不过，在中国这个有着近 14 亿人口的国家，拥有近 4000 万订阅用户的确不是什么制胜法宝。良品铺子也在其他各种渠道不断扩展用户，不断进行拉新、留存、转化。

电商、社交媒体、线下门店的拉新留存工作是一门单独的学问，虽然这也在新零售范畴内，但是内容过于庞大，再来一本书也不一定写得完。所以我们就不过多描述了。

信息的反馈和返补大数据

一切可以得到的用户数据都是可以补充进大数据系统的信息资源。良品铺子的这种信息资源更多来自用户的购物评价，原因就在于其有非常大的用户基数。如果你没有，你就需要寻找一个能直接获得用户购后评价的渠道，比如舆情监测。

总之，良品铺子几乎在我们所描述的服务化新零售中的每一个环节和模块中，都有一些可圈可点、可借鉴的优势。受技术所限，虽然它在很多地方依然无法达到理想状态，但这并不影响我们向它学习。一个人是造不成罗马的，一个企业也撑不起整个新零售，大家好才是真的好。多一些企业在服务化新零售中发展，这个领域才会更快地成熟和完善。

家电百货的新零售：以苏宁为例

苏宁在下一盘非常大的棋。这盘棋大到什么程度？地球的经纬度就是棋盘的纵横线。在产业链的纵向布局上，苏宁的智慧零售基本上都有计划；在横向的行业和区域上，苏宁的智慧零售也拥有广阔前景——如果苏宁的设想完全实现，那我们将看到一个比阿里巴巴、京东、万达等等加在一起还要有规模和威力的巨型互联网企业。

有没有这么夸张？我可以负责任地说，苏宁对智慧零售的构想，只会比我说的大，绝不会比我说的小。

苏宁对新零售的定义

首先，苏宁把新零售叫智慧零售。我们从苏宁内部提供的一本小手册中了解了这些内容，这些内容没有公开发表过，所以一些细节不能泄露。但我们可以对苏宁一些大体上的规划进行简单的说明，并以此分析和评论苏宁的智慧零售。

苏宁这样来定义智慧零售："运用互联网、物联网、人工智能等技术，充分感知消费习惯，预测消费趋势，引导生产制造，为消费者提供多样化、个性化的产品和服务。"

这虽然只是定义，但我们能看到，苏宁对这件事的理解是非常精准的。利用各种技术"感知消费习惯""预测消费趋势""引导生产制造"，这几乎就是我们说的服务化新零售中大数据和柔性生产的部分。与此同时，智慧零售与服务化新零售在结论上也很一致，即为消费者提供多样化、个性化的产品和服务。在智慧零售的理念中，苏宁提到 4A，即任何人（anyone）在任何时间（anytime）、任何地点（anywhere）都可以获得任何商品（anything）。我们可以将之理解为对实时化需求的满足，但这里说的是商品，不是我们讲的服务。

苏宁在对智慧零售核心的阐述中也提到了服务。苏宁讲的重服务，是从提供产品，转向提供服务、提供体验。这和我们说的服务化还是有些不同的。通读小手册，可以看到苏宁对服务的出发点还是基于售前、售后的服务，并以此扩张，这和唐·E.舒尔茨教授在 SIVA 理论当中提出的 solution 有着根本上的不同。但殊途同归，当苏宁把自己的服务不断扩张、不断完善之后，就会和 solution 在体验上没什么差别。

苏宁在新零售上的布局

苏宁在智慧零售的布局中，列出了五大模块。我们其实可以清晰地从中看到，这五大模块的构建和思考都是苏宁基于现有体系、现有业务和对未来发展规划而量身定制的。其中就包括了"智慧采购""智慧销售""智慧服务""智慧业态""智慧渠道"。

"智慧采购"是基于大数据来分析和预测需求，然后提前进行商品采购，并通过苏宁自身的智能补货系统（同样依靠大数据）来进行渠道铺货和补货。这就意味着，消费者可能都还没有意识到自己的需求，苏宁就已经先期了解了，并且进行了商品采购。这里面似乎没有提到柔性生产，但苏宁一直是以一种渠道的角色存在的，这种思考和安排也是合情合理的。

"智慧销售"是通过对大数据的分析和挖掘，让卖家充分理解客户，甚至做到"导购不出门便知天下顾客事"，即一种线上向线下引流、依靠线下门店导购进行精准推销的方式。这其实和我们说的精准信息推送在环节模块和意义上是相通的，只是，苏宁更看重的是大数据对线下门店的支持。

"智慧服务"又是什么呢？苏宁的小手册中提到"智慧的配送、安装、维修、保养等一系列售后环节服务"，可见这还是对于苏宁现有业态系统进行的规划。在前文中我们说了，这的确是一个没什么毛病的出发点，但就苏宁目前的描述来看，这和我们倡导的服务化还是有着一些区别的。比如苏宁的苏鲜生是卖生鲜产品的，那么一系列售后服务该怎么体现呢？这不是在挑战苏宁的智慧零售，而是在说殊途同归的道理。当苏鲜生具有足够大的规模，苏宁的决策层自然会对智慧服务这个选项进行丰富和扩展，使之变成一个真正意义上的解决方案。因为生活者的需求就在那里，沿着需求往前走，我们的目的地其实是一样的。

"智慧业态"和"智慧渠道"其实指的是苏宁的所有产业布局，以及在这些布局当中如何通过数字技术、O2O的方式把业态和渠道整合起来。在我们看来，这两项其实说的都是渠道的事情。苏宁易购广场、苏宁易购云店、苏宁小店、苏宁易购直营店、苏宁红孩子、苏宁体育、苏鲜生、苏宁极物、苏宁汽车超市、苏宁零售云、苏宁 Biu 店……对这些名词，我们不一一解释。这里面虽然有一些功能重合的地方，但是覆盖了从线上到线下、从家电产品到日用百货、从销售功能到生活服务、从传统商场到可以人脸

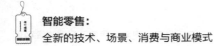

识别和人脸支付的无人售货店。几乎我们能想到的业态和领域，苏宁都有计划，都有布局。

所以在我们看来，苏宁的智慧零售从根本上还是很靠谱的。接下来就要看其如何达成这一切了。

不可否认，这一切的达成，势必需要雄厚的资金、靠谱的团队以及各种先进技术的支持，不能说做不到，是做到的难度实在不小。我们无法预判这个宏大的规划什么时候能够完整地实现，但我们还是要从中取经。

其他可见的新零售

其实目前社会中和行业中所说的新零售，也不完全指的是我们所说的服务化新零售。新零售的概念很多、很杂，但是有一点很清楚，就是"以新鲜的方式把东西卖出去"。

如果没有大数据的驱动，这种新零售其实可以直接叫新渠道，没有特别多的新鲜故事可以讲。

每日优鲜

每日优鲜也是有大数据作支撑的，而且在送配货上也很讲究动态变化、动态个性化。之所以没有把每日优鲜当作一个单独的案例来讲，是因为我们对它了解得还很少，没办法从细节上为大家做详细的分析。从现象上来看，每日优鲜非常接近我们说的服务化新零售。

每日优鲜拥有自己的大数据系统，根据其数据总监刘海平先生的各种演讲稿、PPT以及新闻稿，我们可以认定每日优鲜的大部分数据其实来自它自有的电商平台。此外，我们注意到一条新闻，就是在2018年初夏的某个时间点，每日优鲜和中国联通达成了战略合作。别的不好说，但从大数据角度来讲，这几乎是得天独厚的优势。

通信运营商能获得的大数据超乎我们的想象。由于一些法律和隐私的原因，运营商的数据没有办法公之于众，更没办法商业化，但是如果在内部把它作为大数据的基础数据，与其他数据一起进行挖掘运算，那是可用而且非常有用的。

举个例子来说，运营商可以通过基站了解你的生活轨迹。也就是说，你一天 24 小时，什么时候在哪里，在那里停留多久，运营商是一清二楚的。运营商可以以此制作出某一类人群的热力图，也就是这一类人的具体活动场所。在哪里开个门店会火？在哪里建个前置仓效率最高？这些疑问运营商都可以帮你解答。通过运营商的数据库，你还能评估出每天产生的订单量和所需货品的数量，这些是能够直接支持智能物流、智能补货、柔性生产的非常有用的数据。

另外，运营商手里还有你每天所有来往的信息数据，即便这些信息有的是加密的，但至少能够知道是从哪个地方发出的，是发向哪里的。所以运营商非常清楚你使用了哪些 APP、浏览了哪些网站，甚至知道你看了哪些内容。

最后，一个你不愿相信的事实是，我们的手机号码都是实名制的，是与人一一对应的，这种精准程度，是任何渠道、任何 APP、任何媒体都无法企及的。设想，如果运营商从网关下发一段 HTML 代码，类似 JavaScript 那种，并将之嵌入合适的人的来往信息中，下发到你的手机。当你浏览任何页面的时候，手机都时不时地、以运营商的喜好为标准跳出来告诉你："嗨，亲爱的 ××，接下来你想不想吃榴莲？马上打开你们公司前台旁边的每日优鲜冰柜，里面有 10 分钟前刚刚送到的手工榴莲酸奶。一共只有 3 瓶哟，不要被别人抢走！"

惊悚吗？幸好法律不允许这么做。

每日优鲜根据各招聘平台的大量信息建立自己的大数据中心，招聘各种架构师、算法模型建模师等——这可以称得上"处心积虑"（绝对褒义）。

每日优鲜在大数据上下的功夫，一定会让它胜出别人不少。

别着急，每日优鲜还有智能无人冰柜，这里面配合微信、支付宝、自身APP中的订单数据，也是一笔不小的财富。从客户关系管理的角度上，每日优鲜依然可以掌握人们的地理位置、购买频次、消费能力、品类趋势等等。

对柔性生产我们不做过多分析。

每日优鲜除了能够在大数据的指导下进行可控的定量采购之外，还建立了自有品牌"每日良品"。据《北京商报》的一篇报道说，每日良品目前主要是卖一些日用品。在每日优鲜的APP上，消费者可将日用品和其他产品一起下单。

我们之所以把每日优鲜放到这个章节，就是因为它最开始的时候就像是一个新渠道解决方案，并不像新零售。但是随着大数据的能力越来越强，每日优鲜就真的是在做新零售，而且越来越符合我们所说的服务化新零售的标准状态了。这和每日优鲜的渠道建设也是分不开的。

我们在好几本书里都说过，驱动新零售发展的动力，或者说驱动人类技术进步的动力到底是什么。不用不好意思，就是一个字——懒。门市部之所以被社区商店取代，就是因为人们懒、图方便；社区商店之所以被综合超市渠道取代，也是因为人们懒、图方便；综合超市之所以被便利店取代，还是因为人们懒、图方便；一部分传统销售方式之所以被电商取代更是因为人们懒、图方便……那么，以此类推，人们到底有多懒？

答案是：没有止境。

下趟楼去个 7-11 都嫌远，没关系，有人给你送上来。不行，你还得挑，得看得见。好嘞，有人把冰柜给你搬到楼上来。每日优鲜做的不就是这件事么？渠道上的方便、独占，再加上无与伦比的扩张速度，给它奠定了一个非常强大，而且已经是几乎无法超越的优势。

我们看到了一篇评论，说这种无人售货柜模式的窗口期，可能会因为每日优鲜的 C 轮融资而提前关闭。据说，每日优鲜拿到的几个亿的 C 轮融资，主要会花在渠道扩张扩建上，这就是好钢用在刀刃上。

我们常说，"明明可以靠脸却偏偏要靠才华""比我有钱，还比我勤劳、比我聪明"——这说的不就是每日优鲜吗？现在看起来，每日优鲜似乎就是这么一个特别气人但你还拿它没辙的存在。当然气不到普通用户，气的是同行业的竞争者，以至于这些同行业、同模式的竞争者现在开始转方向——不研究如何打败每日优鲜了，而来研究怎么做才能被每日优鲜收购。

每日优鲜也是比较早提出前置仓这个问题的，而且从现象上来看，它自己的智能采购、存储、配送配合得也都比较融洽、稳定。这里不多猜测，我们观察它之后的发展。

在信息的推送和反馈方面，从有效到达的情况以及转化率来看，当然是基于会员的 APP、基于粉丝的公众号的针对性推送比较好。可能是因为每日优鲜和中国联通达成了战略合作，近几个月来，我收到的每日优鲜的短信越来越多。

这确实是一个打破"信息茧房"的方法，土，但很有效。

评论是一种反馈。但订单上的反馈岂不是更直接？每日优鲜在拼命捣鼓冰柜的同时，还很有可能在谋划着人脸识别摄像头。如果这个功能启动并且运转了，那么每日优鲜在用户数据的收集上，就又形成了一个十分强大而且不可跨越的屏障。但这个想法可能很难落地。

丰巢

顺丰绝不仅仅是一家快递公司，尤其是2018年丰巢成为顺丰的独资产品之后，顺丰在新渠道层面的发力有目共睹。

顺丰想不想做新零售？当然，只是实际做起来没有那么容易而已。我们不妨先从顺丰起步的地方分析判断其在新零售层面有哪些优势、哪些发展的可能。

没错，你躲不开大数据。事实上，顺丰也有大数据。顺丰从事了这么多年的物流快递业务，积累了非常多的订单数据。这个数据量是非常大的，而且是动态的，但是这和我们之前所说的阿里巴巴的订单数据一样，还不够立体和完整。

不过没关系，顺丰在推出了顺丰优选等一系列产品服务之后，也在积累除了订单数据之外的一些数据，如我们提到的资讯类数据和生活类数据，这样才能比较精准地洞察用户实时变化的规模化的个性需求。

同时我们得看到，大数据一定要配合人工智能的实时化处理，才能显出威力来。如果是效率相对较低的"人肉智能"，那就会出现上一个数据还没处理完，下一个数据就又有新变化的情况了。

顺丰丰巢如果是以渠道作为基础进入新零售领域，那么还需要开放更多的数据处理接口。和每日优鲜不同的是，顺丰丰巢更多是被当作一种公共空间来使用。也就是说，需要有更多的企业，特别是更多没有新渠道、新零售的企业来租用丰巢，丰巢作为平台，才能够日益壮大。然而数据的开放，又是一个目前无解的难题。

渠道仓储是丰巢的看家本事。大家去看一下顺丰灯塔的官方页面，就能知道顺丰在智能仓储、柔性配货补货，以及智能预测等方面的深厚功底。可以这么说，和顺丰比起来，其他新零售企业所做的针对仓储物流的工作，都有点相形见绌。

这就是我们认为丰巢更适合作为新零售的一种公用基础设施，而不是自成一个品牌独占资源的原因。

新零售有大数据，有需求预测，而需求又是多种多样的，要配合需求进行柔性生产，然后再根据大数据的指引进行物流、仓储、信息推送，之后才能有终端销售和配送。在这一系列过程中，顺丰强大的先天优势就在于物流和仓储，在其他的环节模块中，至少现在的顺丰并不能和行业中其他强大对手相抗衡。

另外值得一说的就是丰巢的智能化。这一点可以直接把每日优鲜甩出七八条街。丰巢智能快递柜可输入，可输出，可双向扫码，还是个基于物联网的在线设备，更重要的是，为了保证安全，快递柜的两端设置有摄像头，不少用户是认可这种信息采集方式的。试想一下，丰巢只要稍加改造就能实现人脸识别取快递的功能，并以此功能取得用户的授权。接下来，精准到人、打通数据库等问题几乎都能迎刃而解。

反观每日优鲜，要做到图像和声音的采集就困难重重。场景不同、语气不同，用户对隐私的敏感程度也完全不同。

所以如果基于这个超级优势和机会，顺丰能够建立一个既保证用户隐私安全，又开放接口供各品牌实现自己新零售梦想的机制，那其业务量和订单量应该会节节高升。

在这里，我们要说明物流和配送的区别。物流是物流，配送是配送，它们不是一回事儿。

简单说来，你有一吨花生，要从寿光运往南宁。寿光和南宁这两个地点，一个在山东，一个在广西。那么你通过物流找干线、找车、找飞机来运送，这算物流；而东西怎么从你家送到寿光转运中心，怎么从南宁转运中心送到你指定的客户工厂，这就是落地配送的问题了。

当然，这点小事对于顺丰来说完全没有难度。

但是到了现在这种环境中，配送已经发展到一个几乎实时化的地步了。我们寄快递都知道，现在配送的时间单位不是天或者半天，而是一个小时，甚至是 15 分钟。

别说是顺丰，就是自诩物流最牛的京准达也达不到这个效率。而我们在新零售当中是需要这种效率的，甚至有时候我们觉得这个效率还不够。"送餐慢""菜都凉了""冰淇淋都化了"这种投诉比比皆是。这样一个短途配送的系统和顺丰大物流系统的运营方式是完全不一样的。

也就是说，顺丰可以解决从工厂、大库到城市分仓、前置仓的配货补货问题，但难以解决如饿了么、美团、百度外卖一样的终端配送问题。

丰巢是一种解决方案，有其合理的使用场景，但是方便性和实效性的确不如饿了么。

导购引流类平台

什么值得买是一款以推荐 3C 产品见长的导购类 APP。这种平台很多，有教你买化妆品的，有教你买衣服的，有教你买美食的，有教你买车的，还有教你怎么旅游怎么玩儿的，我就不一一举例了。我们姑且把这类平台称为导购引流类平台，因为导购引流确实是它们的初衷，也是它们成功的基础。

既然有导流，就得有流向，否则导来的流量去哪儿呢？当然是去一些实际做销售的地方，比如淘宝、京东、某某饭馆、某某车行主机厂、某某旅行社等。那么这些平台凭什么能够引来那么多流量呢？几乎无一例外地，这些平台都是利用社交的力量来聚拢人气，靠产品测评、游记、攻略、总结等资讯类的内容来吸引用户，逐渐形成平台中以 KOL（关键意见领袖）为核心的产生 UGC 的方式。这就特别像大概 10 年前人们说的"口碑营销"。

那么，这些平台如果想做新零售是有基础的么？当然有。因为它们都是会员制的，而且有大咖，有粉丝，用户黏度很高，双方互动还很强。它们了解用户，并能对用户施加影响，引导他们的消费决策。

但是我们千万不要忽略这样一件事，就是这些平台之所以存在，是因为信息不对等。虽然说信息不对等这个问题短时间内不太会消失，但随着服务化新零售的发展，生活者们的需求是事先被探知的，然后直接被推送促销信息。信息对等与否，还有那么重要么？

没明白？我简单解释一下。

我们的购买决策过程，大概如此：根据需要产生需求，因需求去寻找解决方案，比较解决方案并选择其中效率最高的一项，然后进行购买，从而解决问题，即满足需求。在以前，寻求解决方案和比较解决方案是很耗精力、很有难度并且成本很高的事情。信息不对等也就是在这个环节当中出现的，所以这些导购引流类平台才有存在的意义。

试想一下，我渴了，想喝红牛，大数据预测到了。我在刚有这想法的时候，就接到了精准的信息推送——"牛磺酸加强型红牛，买 4 赠 1，再送你 5 元代金券，够你今天晚上熬夜写书了。"我点一下，按个指纹，20 分钟后就有人敲门了，我的需求也就解决了。

请问，我还有"寻找解决方案"和"比较解决方案"的过程么？貌似没什么了。当然，价值越高的产品或者服务，其"寻找"和"比较"过程就会越明显，那我们是不是可以说，这种导购引流类平台，以后只能越来越针对价值高的产品和服务呢？

当需求被探测得越来越精准，每个人的个性化需求都能被恰如其分地满足，换句话说，当你所获得的产品和服务都是量身定做的，独一无二的，没有可比性时，这种靠信息不对等而产生的生意机会，是不是就会消失了？

我们接着说这些导购引流类平台的新零售。

其实，这类平台自身很难实现柔性生产。因为这类平台存在的重要原因就是：可信、第三方、客观。心理学和人际沟通学中在讲到"如何说服别人"时，会讲到"信源的可信度"。如何判断信源是否可信？要看信源的目的。

如果该信源有很强的利己目的，就没有办法说服别人。比如，马蜂窝的游记、攻略等都在说自家平台上的机票有多便宜，多划算，这种建议有多大可信度、多大导流能力呢？同理，如果这些平台推出自有品牌的产品，那一切评估、口碑，不就都变得不可信了么？

再说仓储物流，这些平台如果不生产的话，就扮演了经销商的角色。没有智能化柔性生产的保障，一定的库存就是必需的，否则就没有足够的弹性来应对多变的需求。但库存在，成本就高，风险就大，损耗也大，灵活度也会相对降低。试想一下，一批积压了8个月的手机，如果不尽快出货，是不是就该被迭代了？还没有出库就成了过时产品，那利润还能有几分？所以就要尽快出货。那就往渠道压货，尽全力推销。这时营销不再以消费者的需求为出发点了，营销的方向完全反了，想来也是不行的。

我们几乎可以断定，这类平台不太可能做出我们说的完整的服务化新零售，它们可以成为模块化新零售，可以作为模块化解决方案出售给其他企业，可以作为工具平台向其他企业提供大数据、引流和监测服务。除非平台的用户人数极为庞大，大到可以支撑众多企业绝大部分的人群触达任务。也就是说，这类平台能够让企业精准地找到它们想找的绝大多数人。到这个时候，这类平台才可以做新零售的媒体和传播服务。

之前我们说过，B2B领域一样需要服务化，一样需要新零售。如何动态寻找个体化用户的需求，如何动态触达这些用户，如何做到与"程序化创意""程序化投放""程序化引流""程序化监测"密切相关，这些都是企业最着急，而且可以花钱，也有花钱传统的地方。

这类平台如果可以开发这样的系统，那就是传播服务的数字服务化。换个词来说，就是程序化传播服务。

其他几种新渠道式新零售

当然，还有一些我们在各种媒体、评论中提到过的新零售形式，我们姑且把它们都叫新渠道吧，因为这些新零售形式偏重渠道层面。我们在这里不多赘述，只给大家提供思路，大家可以自己依照我们上面的说法进行思考和判断。

自动售货机

自动售货机即自动化的便利店，这可以大数据化，但是难以承担我们说的服务化新零售中的其他功能，比如前置仓、配送、客户信息反馈。不是不行，而是规模太小。自动售货机的进阶版本无人商店倒是有这种可能。

抓娃娃机

抓娃娃机的商业模式的核心在于赌博心理，它和新零售其实无关，如果你把它当作自动化的前置仓，那还不如将之改造成无人商店。

快闪店

我们理解的快闪店，其实是一个 event（事件），一种市场促销或者公关活动，其传播的话题效果大于其可以承载的任何其他效果。大数据、柔性生产、仓储物流、配送、信息精准推送，还有用户反馈，都很难完全可靠地设在快闪店这种形式中。好玩儿，有意思，才是这种快闪店的核心。

外卖 APP

坦白说，外卖 APP 的配送体系确实是我们所说的服务化新零售中的一个重要模块,也有着大数据的支撑。做外卖 APP 的企业如果能嫁接生产,其实是可以向服务化新零售迈进的。不过作为复用率很高,运转和发展也良好的营销服务,外卖 APP 做得很完整也很彻底,我倒是看不出在这个行业彻底饱和并且利润下降到无法支撑的地步之前,它们有什么动力去放弃这种成本较低的商业模式,而转向一个高成本、重资产、流转速度慢、高风险的实体生产企业。即便这个行业真的不行了,发展到瓶颈期了,也未见得会有人愿意去做刚才我们说的完整的服务化新零售,因为没必要。快的在和滴滴合并前,应该没有自己开出租车公司来运营车辆,开汽车制造厂来制造汽车的打算。道理就是这样的。

鉴于接下来的一章我们会讲得不太通俗,所以大家还是要多看一下这一章列举的案例。其实,我们在分析这些案例的过程中,几乎已经把服务化新零售几个最基本的逻辑、模块和运作方式阐述给大家了,至于后面我们讲的这些理论,大家可以参考。

如果你需要进一步去研究和探寻服务化新零售的前景以及背后的内在逻辑,那么我建议你详细阅读下一章。但如果你不需要进行这样的研究,你大可以走马观花,了解一下这些理论就好了。

第 *03* 章

本质 · "新零售" 的
根源和内在逻辑

每一件事都有其内在规律。在互联网刚刚发展起来的时候，一位智者就举起了创意传播管理理论的大旗，通过这个理论，我们才忽然间明白，原来不是规律变了，而是世界变了。

规律依然是原来的规律，只是世界有了新的特征。那些规律在一个全新的世界中呈现出了完全不同的形态。当你明白了数字生活空间的概念之后，这一切都变得简单了。你所熟悉的那一切还是那一切。

新零售也是这样。

我们回过头来瞥一眼商业出现的过程。农业时代不说了，直接跳到工业时代。那时工厂生产了那么多东西，能够满足人们的各种需要，但前提是要送到每个人身边，并且人们要组合使用这些共性化的工业产品，来解决自己的个性化问题。零售，就是这种传统通路的终端，是最后一个环节，是直接面对消费者的环节。

我们现在情景重现一下这种销售终端的状态。

　　一个小商店，就在我家楼下，辐射小区里的七八栋楼。店里面什么都有，柴米油盐、创可贴、保险套、灯泡、电池、游泳帽等等，是名副其实的"杂货铺"。

　　"刘叔！"我进门就喊。

　　"哎，大教授啊。你上回要的纤维雪碧给你进货了啊，进了两箱，卖不动，除了你没人喝，赶紧买走啊，占地儿！"

　　"好嘞！"我四处寻觅，不知道除了纤维雪碧，还应该买点什么。

　　"你这样，你上里边那屋，让我媳妇给你挑一条鱼杀了。你再称二斤排骨，一炖就行，省事儿。左边那一排靠里有炖肉调料，你拿一包，往高压锅里一放，就行了，特简单。然后买块豆腐，再去拿一棵洋白菜，你们全家就够了。"

　　"哈哈，太贴心了，我晚上给你微信转账。"

　　……

　　大家看到了吧，这是我们说的传统终端最好的商业模式和经营状态。经营小商店的刘叔几乎认识小区里所有的人，清楚地知道小区里每一个人的需求、生活状态、喜好。因此，他为每一个人组合着店里各种同质化的工业产品，去解决每一个人的个性化需求。当店里的东西不充足的时候，他就会定向采购。甚至，刘叔还能够多少预测出来，什么时候该为谁准备些什么。

　　这才是真正的服务。而我们所说的零售的服务的精髓就在于此。

　　那么服务化新零售呢？很简单，把这个情景、这个过程进行规模化复制，利用人工智能、数字化技术，制造出 10 个、100 个、1000 个、1 万个、无数个刘叔，让他们以这种非常贴心的服务来实时地满足规模化的个性需求。

这就是我们说的服务化新零售。

新零售要在根本上解决什么问题？

解决什么问题？

那就是实时地、规模化地解决生活者们的个性化需求。

其实我们在前面的举例、说明以及各种表述中已经反复提到了，我们所指的服务化新零售，其最终要解决的问题是随着市场营销理论的发展而顺理成章演化至此的，那就是满足需求，最大限度地满足需求，在科学技术允许的范围内，最大限度地满足需求。而这种需求是个性化的，是每个人都不同的。

这件事情看上去不需要解释，我们设身处地地想一想，我们的需求到底是同质化的还是个性化的？

七八个好友一起去吃顿饭，说到"咱今儿吃什么"，答案肯定不下七八种。一个人一个主意，有说想吃烤鸭的，有说想吃火锅的，有说想吃鱼头的，有说想吃羊肉串的。这就是个性化的需求，吃穿住行，时时刻刻，没有完全绝对的共性。

那怎么解决？挨个儿伺候？一个一个解决？是的，终归会是这样，而且也只能这样。每个人都不同，如果让他们以同一种解决方案来满足自己的个性化需求，那就只能是退而求其次。想吃老北京烤鸭，但这附近方圆 500 公里内都没有烤鸭，只有烧鹅，你说你吃不吃？"算了，凑合一顿。"这就是个性化需求不被满足的不尽人意的结果。

在农业时代，手工业时代，有这种需求么？

也有，从有 Lucy（据说是全世界第一个变成人的南方古猿）那一年起，需求就是个性化的。但是——马斯洛需求层次论大家都知道——当基础需求都没有得到保障的时候，我们只能退而求其次了，只能去寻找那些虽然不够个性化，但是能解决基本需求的方案了。

所以其实可以这么说，马斯洛的需求层次论，越往上的需求越个性化，越基础的需求越共性化。比如说人都得呼吸，都得喘气，这没人抬杠。但有钱人要呼吸新鲜空气，要PM2.5在10以下的新鲜空气，空气里面最好还要带着阿尔卑斯山的气味。再看我们普通人：地铁里的臭脚丫子味儿呛眼睛，熏得你连对面车门上的广告都看不清，可你怕迟到，得忍着，心里说"久闻不知其臭，时间长了就习惯了"，然后一直坐到终点站。

所谓共性，都是在物质匮乏、产能低下时，人们无奈的一种选择。

北京有家经营了几百年的鞋店，叫内联升，古代专门给达官贵人做鞋。客人第一次来的时候，会有专门的伙计把进门的第一块砖换成软黄泥的，当客人一进门，鞋样、脚模就有了，永久登记在册。据说，内联升几乎有北京所有达官贵人的脚模。

所以你来这个店里，根本就不用说鞋的事儿，就来喝喝茶，跟老板聊几句，剩下的都给你办了，而且绝对让你满意。因为你的脚样、官职、家庭住址等等的一切信息，店里都有记录。你升官儿了，你要回老家探亲，你该换新鞋了，他们也全都知道，直接就全给你办了。

这鞋得多少钱一双？据说，一双鞋够北京普通老百姓一家好几口人生活一年的。就这么贵，但就是好，好在产品，更好在服务，说到底，是好在"了解"。

工业时代我们都知道，福特先生建立了流水线之后，生产规模上去了，

生产成本下来了，生产效率提升了，但是产品的个性化却降低了。福特的 T
型车，一眼望去，全都一样。

这像极了我们国家 20 世纪 60~70 年代的样子，一眼望去，大家穿的一样，
吃的也差不多。那个时候的人们没有个性化的需求吗？当然不是，只是因为
受到生产力的制约，人们的这部分需求没有办法得到满足。

我们再想想看，生产力都制约了什么？

你想满足人家的需求，最重要的第一步，是要知道人家的需求对吧？一
个人、两个人，几十个人、上百个人的需求，我们可以去监测、洞察。但是
中国一共有多少人？据说新中国成立前全中国有 4 亿 8000 万同胞，现在快
14 亿了，你怎么去监测、洞察这么多人的个性化需求？而且千万不要忘了，
他们的需求不是一成不变的，是随着时间变化而进行动态变化的。这就是我
们说的最大的难点，即对规模化的个性需求的洞察。

生产力还制约了什么？

柔性生产。没错，即便你知道了这近 14 亿人的动态的个性化需求，你
到底有多大的生产力去满足这些需求？如果没有产品或者服务去满足这些需
求，你了解这么多需求又有什么用呢？

信息推送。即便你洞察了，也生产了，但是你那些精准的用户们却不知
道，这同样也是因为受到了生产力的制约。

精准渠道。精准需求、精准生产和精准渠道要相互匹配。如果渠道不精
准，其他都白费。把为张三准备的东西送给了李四，这精准吗？

时效性。某人爬长城的时候渴得跟木乃伊一样，想要喝水，2 小时后他

到了十三陵水库，这水就用不上了。

生产力严重制约了这些环节，也就制约了满足这种个性化需求的可能性。于是，在以前，我们大多数人还是要退而求其次。

在营销领域，我们当然要尽量去寻找精准的需求。很多营销理论当中都有市场细分、人群细分的概念。一家企业在进入某个市场之前，要先来判断这个市场的总量，然后再判断自己能够占领多大的市场份额，这样才能计算出能有多少利润，也才能明白这个市场到底值不值得进入。然而，还有很多小的、碎片化的市场，即便你的企业百分之百占领了这个市场，你依然没办法养活你的企业，这种市场被称为"利基市场"或者"市场细分碎片"。在菲利普·科特勒（Philip Kotler）的很多著作中，他都提到了这个概念。在传统工业时代的营销理论中，这种市场是没有太大价值的，是不建议人们轻易进入的。所以人们就只能在相对大的市场区间、市场细分内进行营销活动。

所谓"相对大的市场细分"，其实就是在众多个性化个体中，寻找他们的共性，寻找最大公约数。那在工业时代怎么解决规模化的个性需求呢？

"我喜欢喝皮蛋瘦肉粥""我喜欢笋丝雪菜粥""我喜欢玉米棒碴粥""我喜欢鲍鱼柴鸡粥"，每个需求都是个性的，没关系，至少大家要的都是粥，那我们就开个粥店。这就是工业时代的思维方式，也是工业时代解决这个问题的常见方式，我管它叫"求同式"。

另一种方式，就是"工具式"。大伙不是喜欢喝各种粥嘛，好的，我们工厂生产粥底，有大米粥底、小米粥底、紫米粥底、玉米粥底，也生产各种组合式粥料，有雪菜、鲍鱼、皮蛋瘦肉和皮蛋雪菜。你买回去，自己搭配，工厂只负责给你提供更多组合的工具。

但无论是求同式还是工具式都没有办法实际、完全地满足人们动态的规模化的个性需求。随着互联网时代的到来，数字生活空间日益完善，我们的生产力、生产效率已经在极大程度上有了提升，很多事情其实已经是可以做到的了。

这时候有两种情况出现。第一，人们浑然不知——还向古老的工业时代的生活水平看齐，该怎么过就怎么过，自己还挺满足的；第二，人们假装不知——知道一切都变了，也知道有人能做得到，但就是不说也不做，直到有一天装不下去为止。

先知先觉固然挺好，但是先做就是另一回事了。成本、规模、市场接受程度都是未知的，先知先觉又先做，往往会变成先驱或者先烈，所以很多人选择先知先觉后做，等风险越来越小了，再起身出发。

风险与利润并存，这本来就是决策问题，没有对错，怎么选择都无可厚非，但是知还是要先知的，这有助于你判断机会。

怎样才能解决这些根本问题？

怎样才能解决呢？去实时地满足那些动态的规模化的个性需求不就好了吗？

这谈何容易。

每个行业都是不同的，每个企业也是不同的，每个消费者（我们称之为生活者）还是截然不同的，其实并不存在一个处处皆准、事事皆通的公式，我们更多地是对各种从环境到资源、从起点到目标、从细节到宏观的情况进行综合判断。在这个过程中，我们常常被市场的风云变幻所困扰，但其实更难以认清的是整个世界的变化。

我们可以在不同的维度、不同的时空里，看到不同状态的规模化的个性需求，并且可以给出截然不同的结论以及解决方案。我们习惯于从入行到现在一直坚持的思考和理解方式，这本来并没有错，但是随着互联网快速进入到我们的生活中，数字生活空间逐步形成，我们对事情的理解就会截然不同。

我们从本书一开始就在给大家灌输一个概念，叫数字生活空间。这是一个根本问题，一个世界观的问题，这件事搞不清楚，一切判断都没有标准，没有基础。现在我们需要从以下三个方面入手，审视这种世界观。

第一个方面：思维方式的改变

我们要时刻明白数字生活空间是一种什么样的状态，要清晰地知道在数字生活空间中应该如何思考，如何工作。工业时代的分工方式，往往并不能适应数字生活空间的工作。一种 7×24 小时的、实时探测并实时解决问题的超高效率工作状态已经到来，还会继续加强。

资源将以一种高效的方式被组合在一起。这些资源在物理层面不受任何限制，它们可能不在国内，甚至不在物理空间中。而我们都要明白，这些在数字生活空间中的资源，是可以被我们整合使用的。

举例说明，滴滴出行整合了哪些资源？哪些出租车、私家车？哪些既有的社会产能？这些资源本来就不处于同一个地理坐标，甚至不在一个地理范围内，但是滴滴出行在数字生活空间当中把它们整合在了一起，以一种协同方式实时满足了规模化的个性需求。仅仅是这些吗？当然不是。乘客的各种评价、行车路径、行车速度、事故上报，这些信息资源也在数字生活空间当中，被滴滴出行整合并运用了起来。

不多举例，我们只是想提醒大家，不要受传统的时间和空间思维的限制，也不要受到传统物质思维的限制，资源可以是多种多样、多形态，甚至是无形态的。这些资源最终都以数据的方式存在，而这些数据的集合，就是大数据。

大数据就像是数字生活空间的超级地图、超级目录、超级说明书，没有大数据，我们就没有抓手，一切都会悬空且不可控。

我们刚刚提到了协同的解决方案，这是后面要说的服务化模式之一。而另一种模式，就是数字化，也就是以数字技术来解决问题，以数字化技术来实时为那些规模化、个性化的生活者提供生产和服务。

为什么需要用数字技术来解决这些问题？很简单，因为人力不够。由于人类的身体限制，我们无论如何也完不成那么大的工作量，达不到那么高的工作效率，但数字技术却可以。随着人类基数的不断增加，需求不断增加，人类将越来越无法满足自己的需求，只能仰仗数字技术。

这就是非常颠覆性的思维方式，不理解，不深刻理解，不全员理解，就很难适应这个已经逐渐完整的数字生活空间，也就更难驾驭在数字生活空间中的服务化新零售。

第二个方面：企业架构的改变

数字生活空间里的生产还是以工业模式进行的吗？当然不是。世界的结构都变了，天不再是天，地不再是地，人们不用，甚至是不能集中在某某开发区统一协作生产了，广告传播的业态不再是只要在中央电视台播条广告就能火爆全国，销售渠道看起来也乱七八糟、晦暗不明。那企业的架构还是像以前一样吗？

研发部门就只负责研发？不行，研发部门的功能现在似乎有一部分被融在市场部了，还有一部分在公关部，因为顾客在帮我们出主意，他们会评论，评论很管用。研发的节奏也不是每年3~5个新品了，而是每小时30~50个新品，这叫我们的工业研发部门抓狂。

车间和生产计划科就按照年初的生产计划进行生产？不行，计划要变一变，要每小时变一变。因为顾客的需求变化就是这个速度，除非企业解散关门，否则就只能适应顾客的节奏。

市场部和销售部分管花钱传播和销售收益？不，这两个部门不再"打架"了，它们融为一体，变成一家，传播中有销售，销售中又有传播。

逐渐地，作为企业经营者的你会发现，所有部门都融在一起了，原本边缘清晰的各个部门，现在混成一团、没有边界。五个部门总监坐在一起讨论的是同一件事——如何生存。

大数据归哪个部门管？柔性生产归哪个部门管？信息推送归哪个部门管？物流渠道归哪个部门管？这么多的事情，不适合原有的任何一个部门，需要重新组合，涅槃重生。

这就像是一艘船，开着开着，现在是该上岸的时候了。不进行彻底的重组和改造，我们是绝对无法用船桨和船帆在陆地上行进的，只有改乘汽车或高铁，才能适应新的环境。

第三个方面：运作模式的改变

有了新的组织架构，就一定要有新的运作模式。我们不多说了，但请记住核心的一点，那就是要认清数字生活空间的特征和状态，并以此为依据来重构整个运作流程和模式，不要受制于传统工业的思维方式。

我们要看到一个非常重要的根基——数字生活空间，更重要的是，我们要认识数字生活空间这个概念背后的整体理论，也就是创意传播管理（CCM）理论。

创意传播管理（CCM）理论

创意传播管理（CCM）理论是北京大学陈刚教授提出的一个非常重要且具有时代意义的理论体系。这一节，我们就和大家介绍并探讨这一理论。

什么是创意传播管理？

陈刚教授在《创意传播管理》一书中首次提出并且描述了这个理论的基本概念："创意传播管理是在对数字生活空间的信息和内容管理的基础上，形成传播管理策略，依托沟通元，通过多种形式，利用有效的传播资源触发，激活生活者参与分享、交流和再创造，并通过精准传播，促成生活者转化为消费者和进行延续的再传播，在这个过程中，共同不断创造和积累有关产品和品牌的有影响力的、积极的内容。"

换种方式解读可能大家会更容易理解。

数字生活空间中的一切活动都延续着原有三维空间的规律，但两者的根本不同在于，当数字生活空间中的互联网维度与原有的三维空间和时间维度交织在一起，一些常用的、常见的规律和方法似乎瞬间失效了。创意传播管理理论便是在这样一个情况下应运而生的。

创意传播管理理论把我们所熟悉的空间重新定义、重新梳理，并且从生活、商业模式、营销策略、传播策略等诸多层面构建了一整套融合汇总的理论体系和方法论。

概括地说，创意传播管理是在对数字生活空间的信息和内容进行管理的基础上形成的传播管理暨企业管理策略。创意传播管理依托沟通元，通过多种沟通传播形式，利用有效的传播资源触发、激活生活者参与信息的分享、交流和再创造，带动产品和服务的社会化生产和制造，并通过精准渠道促成生活者转化为消费者，进行延续的再传播与社会生产。在这个过程中，生活者和服务者不断共同创造和积累有关产品和品牌的有影响力的、积极的内容。

创意传播管理以信息和内容管理为基础，但由于数字生活空间的多维度和融合性，这种管理会触及一个企业、一个平台甚至一种生态的细节和角落，不论是生产、研发还是销售，无一不在信息和内容的传播与管理当中完成。所以我们不能把创意传播管理简单理解为一种传播领域的理论，而应该将之理解为一个数字生活空间当中企业和商业管理的通用理论。

每一种理论主张的提出和完善成熟都要经历一个漫长的过程。创意传播管理理论从互联网开始出现并影响我们生活的那一刻便开始酝酿，伴随各种理论的建立，各种现象的出现和验证，经历了10多年的发展历程。

陈刚教授从2001年开始关注互联网的变化以及其对于营销传播的影响。直到2007年年底，他才逐渐建立了比较明确的创意传播管理理论的框架，并在多次演讲中使用这个理论框架分析互联网出现以后的各种营销传播现象。但是由于当时互联网对生活和商业的影响还比较有限，微博和Twitter（推特）也才刚刚开始运营，所以并没有很多实例可供研究，也就没有引起更多的关注。

2008 年年底，陈刚教授开始撰写创意传播管理理论的第一本著作《创意传播管理》，并不断增加案例，不断调整修改。

2009 年，招商银行接受了作为顾问的陈刚教授的建议，在其品牌宣传部门设置了创意传播管理岗位，并以此为基础，推动了招商银行以微博为主的互联网内容传播的快速发展。这是创意传播管理理论首次被用于企业实践，并且取得了良好的效果。

同年夏天，美国西北大学的唐·E.舒尔茨教授在北京与陈刚教授进行学术交流。"整合营销传播（IMC）之父"唐·E.舒尔茨教授在谈到互联网时代全球营销传播形式的时候，同样认为这将是一个全面的范式层面的革新和转型，并对陈刚教授所提出的创意传播管理理论极为推崇，称"这是一个非常令人兴奋的模式"。

2010 年，在唐·E.舒尔茨教授的支持下，创意传播管理理论初期缔造者们前往美国西北大学整合营销传播中心进行学术交流访问，并对美国的众多专家和公司进行了考察和研究。这次交流使创意传播管理理论在整体框架上更为完备，更为系统，更具有可执行性。

在此之后，越来越多的理论研究者和商业实践者接受并继续发展和实践着创意传播管理，使创意传播管理理论从理论框架到执行方法都日益完善。越来越多的企业和组织团体接受或不得不接受数字生活空间当中这种较为完善的理论体系。

为了更容易记忆和理解创意传播管理在理论、思维和实践中的表现形式，我们从陈刚教授的各类演讲、书籍、论文中整理并归纳了创意传播管理理论的特点。

特点一：传播即管理

在数字生活空间当中，一切传播、沟通，一切生产、研发，一切协同、合作，都是以信息传播方式进行的，或是以信息传播方式来协调和协作的。同时，在数字生活空间当中，规模化人际沟通得到充分的发展和运用，每一个生活者、每一个服务者都作为信源在释放各种信息，这些信息以沟通元的形式在数字生活空间当中，在每个生活者和服务者中被无数次地传播，每一种信息内容都会影响到一个企业、一个品牌及一个生活者的真实生活。

在数字生活空间当中，管理没有界限，传播没有界限，对于传播的管理，对于信息和内容的管理，就是对企业、组织和个人的管理。管理是手段、目的，传播是途径。在数字生活空间中，离开传播就无法进行管理，不对传播进行管理，管理也就失去了作用。

特点二：从用户的需求看问题

1990 年罗伯特·劳特朋提出 4C 理论时就指出，企业生产要以消费者的需求作为起点，然而在传统工业时代，企业仍需要首先从自己的资源出发寻找生产的可能性，之后才去洞察并对接消费者的需求。

在数字生活空间中，生活者规模化的个性需求被释放，随着人工智能、柔性生产线、大数据、精准渠道等技术的进步和发展，逐一满足每个生活者的个性化需求成为可能。作为服务者的企业，可以真正以用户的需求作为出发点，进行数字服务化的商业模式构建，寻求服务化的解决方案，为生活者提供规模化个性化的服务。

特点三：从大数据出发

大数据作为一种实时、动态的全体数据，不但可以实现查询、分析、归纳等简单功能，更大的作用还在于我们可以通过大数据获得每一个个体的个性化需求。这才是数字生活空间中的数字服务化商业模式的核心和重点。

大数据是获得需求的重要来源，没有大数据，我们就无法做到真正的规模化个性化，就会退回到以共性产品满足个性化需求的工业时代。

所以在创意传播管理理论框架当中，我们对于生活者需求的发掘和发现，都应该先从大数据当中获得，并以规模化的方式进行生产和服务。

特点四：技术对营销传播具有革命性的意义

不论是规模化个性化生产还是社会化传播，或是大数据、人工智能、精准渠道，甚至是我们所说的整个数字生活空间，都建立在科学技术的基础之上。没有技术的日益革新和突破，创意传播管理理论当中的各种方法和模式就无法变成现实。

只有充分理解技术的重要性，并在创意传播管理理论框架的指导下不断寻求和开发新的技术、新的应用，才能使创意传播管理早日落地，把数字生活空间扩展得更加广泛和深入。

特点五：沟通元是传播的基础

由于在数字生活空间中，大众传播模式已经无法完全占据主导地位，更多社会化的规模化人际沟通占据了绝大部分沟通传播渠道，信息和内容总量远超大众传播。于是，在人际沟通当中，人们对信息和内容的再加工、再创作成为传播过程中必不可少，甚至是主流的现象。如何既充分调用生活者自身的创作和传播力量来保证传播效果，又尽可能减少传播过程中出现的失真现象，是作为服务者的企业把想传达的核心信息准确无误地传递给生活者的关键所在。

沟通元的作用即是如此。作为最小的内容和文化单元，它既具有可扩展性，又具有稳定性。所以在数字生活空间中，尤其是在人际沟通中，沟通元的提炼、设计和传播，是整个传播过程的重中之重。与此同时，由于在数字生活空间中，不论是大众传播还是组织传播，都不可避免地被人际沟通所环绕和包裹，所以即便是在大众传播或是组织传播中，我们依然要注重沟通元的使用，要预见到它在人际沟通中的效果。

特点六：数字生活空间的概念超越市场范畴

传统概念中的市场，可以指进行交易的场所，也可以是一种抽象的"买方的集合"，比如金融市场、房地产市场等。不论是指具体的场所还是抽象的集合，传统意义上的市场都是买方和卖方共同出现并且进行交易、进行价值交换的场所。

然而在创意传播管理理论体系中，我们很难划分清楚哪里是市场——不论是具象的还是抽象的——或者哪里不是。因为在我们所讲的数字生活空间中，没有绝对的消费者或者营销者，他们的概念被生活者和服务者所替代，他们的行为也不仅限于进行商品或者价值的交换，还存在着协同协作、共同产生价值的可能。同时，数字生活空间是一个更多维度的生活空间，我们的生活除了交易以外，还有许多内容和任务。

所以数字生活空间是一个超越市场范畴的概念。

特点七：生活者和服务者的概念超越顾客与企业范畴

传统市场中顾客和企业的概念也在数字生活空间中被颠覆了。在数字生活空间中，不存在单纯的顾客或者单纯的企业，不存在一方完全供给，另一方完全需求的情况。由于互联网打破了原有时间和空间的局限，使社会协同生产变为可能，于是，在很多情况下，为了满足几十亿生活者的规模化的个性需求，人们在不同的维度、不同的领域、不同的环境当中进行着社会协同，协同生产、协同创造服务。这些在协同过程中做出过贡献的人当中，既有企业，又有顾客，他们融合在一起，共同作为生活者享受着服务，也作为服务者提供着服务。

所以在数字生活空间当中，生活者和服务者的概念远远超越了传统企业和顾客的范畴，相比较之下，生活者和服务者的概念更加宽泛，更加灵活，更强调协同协作。

特点八：企业未来的经营方向为数字服务化

传统市场以提供产品来满足需求为核心，但工业化的产品只能以共性的、批量化的形式去覆盖海量的个性化需求。在数字生活空间当中，依靠大数据、人工智能、社会协同、精准渠道，服务者可以逐一精准地满足规模化的个性需求。服务化，特别是数字服务化，便成了未来主流的满足人们需求的方式。

随着科学技术的不断发展，数字生活空间不断地发展和深入，依靠数字服务化来满足人们规模化的个性需求，将是未来企业运营的核心方向。只靠生产共性化的批量产品的企业，将越来越无法取得利润，会逐渐淡出人们的视线。

特点九：兼顾传统营销与数字营销

在创意传播管理体系中，或者说在数字生活空间的商业环境中，我们往往会误以为这是纯粹的数字营销体系，我们做的所有事情都是数字营销。有人说，"数字营销颠覆和终结了传统营销"，这种理解是不对的。

我们依然要不断重申和审视数字生活空间的概念，因为它不是一个纯粹的互联网空间，而是在原有三维空间与时间维度中，加入了互联网这个新的维度，是一个包含着传统空间和互联网维度的多维空间。就如同现在的我们无法离开互联网维度而生活一样，我们也无法离开传统的三维空间生存。

营销领域亦是如此。如果一个企业只重视传统营销而忽略了数字营销，那么一定会丧失非常大的竞争优势，因为它失去了一个重要的空间维度；同样，如果一个企业只注重数字营销而忽略了传统营销，不做任何与互联网无关的事情，完全忽略线下空间，那么它也一定会丧失非常大的竞争优势，在商业竞争中容易败下阵来。

在创意传播管理体系当中，由于数字生活空间在不断地延伸，传统空间和数字空间在不断地融合统一，所以我们在营销过程中，不仅仅要关注数字营销，还要兼顾传统营销，这样才能在商业竞争当中，获得更完整的资源，赢取主动权。

特点十：全面解构广告代理公司

在过去20年的中国和过去200年的全球商业传播领域，广告公司一直都是一个举足轻重的角色。传统的广告公司承担了整体传播策略制定、大创意、沟通平台建立、品牌建立和传播，甚至是渠道营销和销售环节的传播工作。而作为传播不可分割的一部分的公共关系传播，却在工业时代作为一个并不重要的配角承担着绝大部分新闻、口碑以及舆论管理的工作。这其实是由工业时代以大众传播为主的传播范式决定的。在大众传播范式的主导下，商业广告自然成了一切传播的核心和重中之重，广告公司的地位也因此而变得举足轻重。

到了数字生活空间中，不论是传播模式还是生产服务的模式都发生了变化，那种同质化的规模效应影响力逐渐退居二线，取而代之的是规模化的个性化——个性化的信息、个性化的内容、个性化的产品、个性化的服务。在这里，人际沟通扮演了极其重要的角色，同时，各种传播形式杂糅、融合在一起，更重要的是，传播成了管理的一部分，成了企业从事研发、生产、销售、建立品牌的手段。

于是单纯以大众传播为核心的广告公司风光不再，为了满足客户企业的个性化实际需求，众多广告公司开始承担综合传播任务，甚至是销售、研发和管理任务，整个传播代理行业也重新融合在了一起。在一段时间内，你已经无法准确定义一个传播代理公司到底是传统意义上的广告公司还是公关公司。业务范畴融合，融合之后又在各种全新的、基于数字生活空间的商业传播专业领域中不断积累，于是形成了一套全新的、被解构的传播代理公司体系。

基于大数据的公司、基于内容制造的公司、基于社会化媒体传播的公司、基于精准渠道传播的公司等组成的原有的传播代理行业,在创意传播管理的架构上,进行了重新洗牌和整合。

为了使企业能够满足其用户的规模化的个性需求,广告公司纷纷成立或重新组建了"驻厂工作组"(inhouse team),开始以完全服务化的方式对企业进行服务。传统意义中所说的4A广告公司(或称策略型广告公司),逐渐以类似人力资源外包的形式驻厂服务,而创意传播管理中具体的专业性服务的任务则由精准广告代理、社会化媒体渠道代理、内容生产运营等专业公司来承担。

数字生活空间

对于大多数1990年以前出生的人来说,互联网,或者说数字技术,似乎在真实和虚拟的世界之间划出了一条原本很清晰,但却越来越模糊的界线。下图为互联网初期著名漫画《在网络上,没人知道你是条狗》。

"On the Internet, nobody knows you're a dog."

随着互联网一步一步地、快速而真实地进入了人们的生活，越来越多的人认识到，互联网并非虚拟世界，而且那个所谓的现实世界也并不能与互联网世界明确分割开来。

我们将互联网侵入现实世界并最终形成数字生活空间的大事件总结如下：

1968 年，美国军方 ARPAnet 开始建设，第二年一期工程投入使用，这是互联网的前身。

1970 年，ARPAnet 开始向非军事机构开放，标志着世界上第一条互联网线路开通，人们开始用它来传递简单的信息、做科学研究。国际互联网也基于这个网络建成，人类发出了第一条信息，开始探索技术前沿。

1987 年，中国发出了第一封内容为"跨越长城，走向世界"的电子邮件，这是中国开始进入互联网领域的技术探索。

1994 年，中国正式接入国际互联网。

1995 年，瀛海威时空 ICP 开始向公众提供网络接入服务，中国开始了互联网的民用进程。

1996 年，搜狐前身爱特信信息技术有限公司成立，门户网站时代开启，中国人进入互联网信息时代。各种论坛、信息类网站如雨后春笋般快速成长，但对人们的影响只停留在信息层面，互联网和线下世界泾渭分明，是一个经典的"互联网虚拟世界"的时代。

1999 年，e 国网成立，并在次年推出"e 国一小时"电商购物网站，承诺网上订单 1 小时内免费送货到用户指定地点，互联网开始真实触及日常生活，开始越过"真实"的红线，试图进入现实生活。

2000 年，北京电视台进行了"72 小时网络生存实验"，虽然以失败告终，却证实了网络正在逐步进入现实生活。

2003 年，淘宝网成立，网络购物迅速成为人们生活的一部分，但更多依赖线下"货到付款""银行转账"等方式进行交易，互联网依然以信息为工具介入现实生活。

2004 年，支付宝被推出并迅速普及，网络中的虚拟财富第一次和现实世界中的财富打通，标志着互联网通过金融的方式，深深切入了现实世界。随着物流和互联网金融相伴快速发展，网络购物也重重地打击了线下的购物渠道。超市、商场、商品交易中心等，开始受到互联网的影响，并被互联网蚕食生存空间。

2009 年，电信运营商纷纷上马 3G 网络，速度快、价格低的移动互联网时代正式开启。各种电子商务服务、互联网金融服务、互联网信息服务迅速扩张到移动互联网当中。

2011 年，微信发布，标志着信息沟通进入了移动互联网的时代，人们实时并且不受时空阻碍地通过智能手机、移动互联网进行信息交换，传统现实世界的电信运营商受到了极大冲击。

2014 年，微信支付和支付宝线下支付发布，各种线下实体店开始允许人们使用移动互联网方式替代现金进行支付。这标志着移动互联网已经完全进入现实世界，并且与现实世界融为一体。

2015 年，互联网身份实名制开始强制实行。这进一步将互联网牢牢地钉入现实世界，两个世界相互渗入，彼此无法分割。

2016 年，上海电视台进行了"72 小时无网络生存实验"，同样以失败告终。这也预示着，在这个时代，人们已经不能离开互联网了，也无法分辨现实和虚拟了。

至此，我们其实可以看到一个轨迹，这揭示了移动互联网如何逐步把虚拟世界和现实世界糅合在一起。

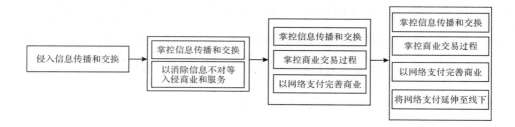

可以说，互联网一步一步地，从门户网站、论坛、搜索引擎，扩大至人们生活的方方面面，进入了人们生活的每一个角落，其影响力也从简单的信息传播，扩大至商业、支付、物流、交通，甚至是工业、农业、政务领域。

时至今日，再没有哪一个领域或者行业可以完全脱离互联网而独立存在，再没有哪一个人能够彻底离开互联网而保持现有的生活质量。随着互联网的进一步发展和普及，可能在不久的将来，一旦离开互联网，我们就无法生存了。

相比互联网出现之前，我们现今所生活的这个和互联网错综交织、无法剥离的世界，就是我们所说的数字生活空间了。准确地说，数字生活空间是指以互联网为基础，依托数字技术，实现人类的生存并具有诸多日常社会功能的全新多维度空间。

数字生活空间这个概念中值得我们注意的地方是，原有的时间、空间规律被打破，很多原本在传统三维空间中效率低、过程长、成本高、难以实现的事情，解决起来会是难以置信的快捷和方便，从而在整体上大幅度提高了效率。可以说数字生活空间是对传统三维空间的延伸，传统三维空间与时间维度加上互联网维度，从而构成了数字生活空间。

那么作为一种信息技术，互联网解决了什么问题呢？简言之，概括之，就是它极大地提升了信息传递的效率。由于互联网是基于电、光介质传播的，所以它的传播速度基础是每秒钟近 30 万千米，也就是光速。在人类目前的活动范围内，这种速度几乎可以被认为是实时的。所以我们可以说，"互联网让信息的传递变得不受时间限制了"。

随着互联网在全球的普及，不论你在哪里，只要连上互联网，一切信息都可以以光速实时传递。所以逐渐地，我们也可以说，"互联网让信息的传递变得不受空间限制了"。

互联网对世界产生的根本的、基本的影响和变革，就是消除了信息传递的时间和空间限制。

没了时间和空间的限制，世界上的很多事情都变得与原来在三维空间里不同了，原本远远相隔的资源变得紧紧相连。

我们的生产、生活其实都可以在信息传递的协调下进行。在三维空间中，我们之所以需要把资源、人员聚集在一个工厂或办公室里，也是因为我们需要保持高效率的良好沟通。那么大家是否能够设想，在互联网当中，在数字生活空间当中，如果信息传递不受时间和空间的限制，那么人们的协作、沟通，人们的生产生活，是不是也不再受制于时间和空间了呢？

就目前的科技而言，已经有非常多领域的工作可以以信息传递的方式协调进行。随着科技的发展，假设量子物理学中的很多设想都实现了——比如物质可以转化成信息来进行传送——那么一个完整的数字生活空间将会形成，所有事情都可以不受时间与空间的限制。

在传统三维空间中，购物就要亲自到商场、购物中心进行挑选、付费，最后打包回家，而在数字生活空间中，你可以通过各种网络商城加上支付系统瞬间完成购买行为，之后等待物流直接配送到家，根本没有距离——也就是空间的问题，效率奇高；在传统的三维空间中，去银行、邮政、电信公司甚至是政府职能部门办理业务，都需要身处办事大厅，排队等候，与办事人员面对面，而在数字生活空间中，你同样超越了空间的限制，通过上网，就可以完成大部分业务的办理；在传统的三维空间里，打车、租用自行车无一例外都需要用户和车同一时间出现在同一个空间位置上，否则就没有办法形成服务，而在数字生活空间当中，时间和空间问题都迎刃而解，通过移动互联网、LBS、GPS 定位技术，所有用户和车辆资源都同时出现在一个系统中、一个屏幕上，这就大大提高了沟通和服务的效率。

这种例子比比皆是，而且在各行各业均有经典案例。电影电视、会议电话、教学培训，甚至经济、政治和军事方面都有诸多因数字生活空间而大幅提高效率，甚至颠覆了原有运作模式的案例。

数字生活空间之所以能够在各种环境中大幅提高效率，是因为它不是只利用互联网维度，而是综合评估数字生活空间和传统三维空间的效率，选择和搭配最优的方案。任何事都是相对的、辩证存在的，数字生活空间的确是传统三维空间的一种延伸，但我们也要清楚，数字生活空间和传统三维空间也是有着不同和区隔的。

在数字生活空间中，的确存在着不少相比传统三维空间效率更为低下的情况。比如同处一室的一群人，如果放弃面对面的传统沟通方式，硬要使用互联网维度进行沟通，互发 QQ、微信来对话，这显然是降低效率、多此一举，甚至是迂腐可笑的。

在这个问题上，经常被拿来比较的例子，就是微信群和现实生活中的邻居。某个活跃的微信群里，大家所在的地理位置都不一致，甚至天南海北、五湖四海。但就在这样相距万里的三维空间中，人们利用互联网这个新维度建立起了联系，文字、语音、图片甚至视频电话使用起来如探囊取物，沟通十分便捷。然而对于住在隔壁的邻居，我们很可能一无所知，他于我们仿佛是另一个世界般的存在。

我们要综合甄选解决问题的路径和方法，不能把所有事情都放在互联网维度上。

从营销传播的各种不同角度来看，数字生活空间也具有特殊意义。

从媒体的角度看，部分说法把与数字生活空间相关的传播称为"新媒体"。然而，我们要知道：第一，互联网所建构的数字生活空间，并非仅仅包含媒体——诚然，互联网给我们的社会、生活带来的变革，的确是以对媒体的渗透、改革、颠覆为起点的，但从整体来看，媒体只是数字生活空间的众多组成构件中的一个；第二，新媒体中的"新"，作为一个比较级的形容词，具体指的是非常不稳定的变化状态，所谓新媒体也是根据不同的时间和历史阶段，在不同的领域和社会环境中具有极大相对意义的代名词，并不能长期地确指某一种媒体形式。这和我们说的互联网是有极大不同的。

从传播形态和范式的角度看，数字生活空间当中的传播是一种融合了大众传播、组织传播以及人际传播等多种传播方式的传播形态，是综合运用各种传播方式的结果。在工业时代，传播方式更多以大众传播的方式进行。因为这种工业化的大众传播效率高、成本低、覆盖面广、传播效果比较容易控制，所以成了上一个时代——工业时代——的主流传播方式，我们所熟知的电视、报纸、杂志、广播等媒体形式都是这种大众传播方式的代表。

值得注意的是，即便在工业时代，人际传播和组织传播依然存在，比如口碑传播、舆情管理、小道消息就是人际传播和组织传播在当时的代表。只是因为这两种传播方式并不能在工业化体系中进行高效廉价的传播，所以不被人们重视。

到了数字生活空间当中，对时间、空间要求较高的人际沟通得到了蓬勃发展。论坛、微博、微信等这些被称为社会化媒体的传播载体都是以规模化的人际沟通为基本传播形态的，它们具有快速、高效、信息量大、双向沟通、多元化沟通等优势。于是在互联网时代，在数字生活空间中，规模化人际沟通模式下的社会化媒体就快速取代了大众传播模式下的报纸、电视、杂志、广播等传统媒体。

并不是说在数字生活空间中就没有大众传播的一席之地了，恰恰相反，作为一种规模化的沟通方式，大众传播依然十分重要，只是它变成了与以往不同的形态，不再以报纸、杂志、电视新闻这种形态出现，而成了适应互联网特征的"大公共传播平台"。例如，各种用户众多的新闻客户端、具备流行热点的电视剧集或电影，再或是综艺节目，甚至是明星、网红，只要其具有规模化的传播渠道，又具有一个信源、诸多信宿的大众传播特征，我们就认定其属于大众传播。与工业时代不同的是，数字生活空间当中的大众传播往往无法孤立存在，它会一直伴随着人际传播甚至组织传播出现。这就像某一部热播大剧在播出之后，会自然产生相应的论坛、群组，人们会讨论剧情、交流感受。

从市场的角度来看，借助互联网维度，工业时代一些因为时间和空间限制、成本和效率限制、传播沟通限制而无法实现的生产和交易模式都得到了充分的发展空间。

在生产环节上，工业时代要求规模化批量生产、集中生产、标准化生产，并以此保证生产的质量和效率，但如此一来，便只能通过市场细分对需求进行归纳和分类，最大限度地寻找个性中的共性部分，这可以说是以牺牲个性化来换取高效率。这是因为传统工业生产受到了时间和空间的限制。而在数字生活空间当中，这种限制被大大减弱了，工人不需要在同一个时间、同一个地点出现就可以被组织和协同起来进行生产，这种分散化、协同化、个体化的生产方式，就为规模化的个性生产提供了可能性，既能满足大量多样化的个性需求，又能进行高效率的规模化生产。

在销售环节上，我们能看到销售终端、销售渠道的去空间化。在没有空间和时间的制约后，销售开始渗透到生活的每个角落。在数字生活空间当中，任何一个终端、任何一个人，在任何时间、任何地点，都可以进行商品的销售，再也无须进行传统意义上的销售通路建设、铺货。只要在互联网中信息通畅，就可以瞬间完成销售通路的建设和铺货工作。例如某位明星销售自创品牌的面膜，没有任何门店，没有任何销售队伍，只靠他自己和他的崇拜者形成的顺畅垂直的沟通渠道，就能在数字生活空间中建立庞大的销售渠道。

在传播环节上，信源和信宿变得越来越不容易分辨，消费者和厂家之间的关系也早已突破购买和销售的关系。同时企业能够发出信息的职能部门也不再仅仅是市场部、公关部，在数字生活空间中，社会化媒体的地位越来越重要，每一个人都是信息的发出者，换句话说，每一个人都在做广告。在工业时代，企业只要控制好大众媒体和广告，就能打造品牌，只要控制好新闻传播，做好危机处理，就能顺利控制舆情。但在数字生活空间中，大众传播已经不是唯一的信息传播渠道，取而代之的是规模化的、多对多的人际沟通，是社会化媒体，任何企业都没有办法只通过打广告来树立品牌，也更不可能只发几篇新闻稿、开几次发布会就能建立和控制舆论口碑。在数字生活空间中，每一个人都是传播的起点，都是信源，每一个人也都是传播的中转点，都是信宿。各种传播方式糅合在一起，只有通过立体化的综合传播管理手段才能进行有效的品牌建设，只有实时监测网络舆情并适时引导才能进行舆情管理。

于是我们发现了一个全新的市场观念。在数字生活空间中，企业已经无法精确定义哪些是市场部门，哪些是研发部门，哪些是生产部门，哪些是销售部门，也无法分辨出哪些是消费者，哪些是生产者，哪些是媒体，哪些是供应商。由于数字生活空间的多维度，研发、生产、销售、传播往往被糅在一起，一种超乎寻常的社会协同状态使所有市场角色都混杂在了一起。与此同时，人们也不仅仅是在寻求产品，而是在寻求更个性化、配套化的服务。

当批量化的产品已经不能满足个性化需求的时候，企业要做的就是去满足极其精准并且个性化的需求，这便是服务。那么如何获取这些个性化的需求呢？企业必然无法像在工业时代一样通过大规模抽样的市场调研来进行推理和判断了。因为在工业时代，抽样调研是用来寻找共性的，那些过小的碎片市场对于批量化生产的工业企业来说是无效和没有意义的，是需要被忽略、剔除的。但在数字生活空间中存在着无数个体化的需求，企业也作为服务者，为无数个性化需求提供服务。

这种状态下，只有大数据可以完成这样的工作，发现、追踪、判断每一个个体的需求。庞大的个体、庞大的个性化需求、不断变化的需求状态，这一切组成了数字生活空间中的市场大数据。数据指导协同生产、协同销售，企业在生产、销售的同时，又会产生数据，这些数据混杂在用户的个性化需求和使用习惯当中，与市场大数据互相影响、有机结合。获取这些大数据是企业在数字生活空间当中看清市场，洞察市场，进而去满足市场需求的最重要的手段。

我们可以这样定义，数字生活空间中的"市场"就是大数据的集合。它不是一个简单的交换价值的固定场所，已经不具备可视性特征，它是无处不在的、形态万千的基于大数据和规模化个性生产的服务过程。

如果说企业的根本目的是进行生产，满足人们的需求，从而获得利润，那么数字生活空间的构成，就为企业打开了一扇通往全新世界的大门，其所达到的效果正如人类发现了新大陆，其意义甚至超越了人类对新大陆的发现。

在原本拥挤不堪、竞争惨烈的传统市场中，企业每天都经历着生死拼杀：一方面要提供廉价而优质的产品，以便于寻找自己在市场当中的立锥之地；另一方面还要尽全力控制成本，增加自身的利润。

在那样一个已经形成许多年的传统三维空间中，企业的规模、市场的划分、竞争的角色似乎一直处于相对稳定状态，如果没有什么意外发生，这个市场、这个世界就会按照原有的结构稳稳地走下去。

这时候，互联网来到了我们身边，数字生活空间就在不经意间从我们熟悉的世界中的各个角落、各个层面、各个部分生长起来，渗透进来。

对于大部分企业来说，在数字生活空间刚出现端倪的时候，这里是一片从未有人开垦过的处女地，没有什么竞争，也没有什么产品，似乎是一片完全的蓝海。这时，市场三要素均不具备。率先投入这个市场的企业，由于肩负着其本身力所不能及的"开荒"任务，在一番惊天动地的"烧钱"行动过后，纷纷倒下，市场上只剩下坚持到最后的企业，也就是那些坚持到技术开始成熟、用户积累得足够多、需求开始旺盛时的企业。当市场可以操作的时候，这些企业便如入无人之境，开始疯狂发展、迅速壮大。

原本在传统空间中不可能完成的远程协作，在互联网上变得轻而易举；原本在传统空间中成本高昂的生产或者沟通，在互联网上突然变得成本低廉到几乎免费；原本在传统空间中要花费大量人力才能完成的任务，在互联网上居然可以利用社会协同来轻松完成……那些在互联网成熟初期进入市场的企业，成功利用时间差获得了商业上的巨大成功。很多互联网企业一夜之间市值暴增。这些企业的成功，除了跟个人努力不可分开以外，更重要的是，利用了互联网这个新维度所带来的诸多便捷，利用不对等的优势火力，闪电般击垮了传统企业。

对于企业来说，数字生活空间的意义有着阶段性的不同。

然而可以预见的是，随着数字生活空间的日渐成熟，随着互联网和传统三维空间的逐渐融合，这个市场一定也会如传统三维空间中的市场一样，各个领域、各个层级、各个竞争角色纷纷被各式各样的企业所占据，一个更稳定的成熟市场会在不远的将来如约而至。

生活者

从字面上来理解，生活者就是所有正在生活着的人，包括了工人、农民、知识分子，包括了富有的人和贫穷的人，包括了正在购买商品的人，包括了正在销售商品的人，包括了你，也包括了我，包括了与这个社会有连接的每一个人。

生活者就是数字生活空间当中所有接受服务的个体的总称。

生活者这个概念来源于日本一家广告公司。他们这样解释："生活者，表示消费者人群的生活不只有购物或者消费这样的观念，'生活'表示生命和生活，'者'表示人，'生活者'即表示过自己生活的人。它不仅涵盖了人们作为消费者的经济层面，而且还涵盖了个人的社会心理和政治层面。"

从这个原始概念的出发点，我们可以看出，在市场运作或者市场研究过程中，生活者这个概念显然更加立体，更加丰富，更贴近活生生的人。然而在工业时代，我们的科技还不足以支撑企业突破时间和空间的限制，深入到每一个生活者的身边，所以一般情况下，工业时代的企业只能去研究和管理人们在具体的消费环节的行为，理所当然地，就把有着生活者本质的人定义为更简单和狭义的消费者。

到了互联网时代，尤其是数字生活空间被构建起来之后，在很大程度上，时间和空间的阻碍已经不是问题了，于是人们恢复了生活者的样子。如何思考，如何生活，拥有什么样的习惯，具有什么样的理想，家庭状况如何，亲情爱情怎样，这一切的一切，都关系着每一个生活者的生活。

在数字生活空间中，企业不再是简单提供工具类、批量化产品的工厂，而是全方位、从内到外地服务着人们的生活，所以在这样的环境下，如果依然把人们定义为消费者，就是管窥蠡测了。

那么在数字生活空间中，一家企业是如何来洞察和理解生活者，并努力为其服务的呢？答案依然是大数据。

在数字生活空间中，每一个人都可以被数据化，每一个行为都可以被数据化，每一种情绪的表达或者信息的发送都可以被数据化，而就是这些数据，在数字生活空间当中，构成了真真切切的生活者，构成了我们每一个人。

你的年龄、你的性别、你在哪里出生、你现在在哪里工作、你经常出没在哪些街道、你最常光顾哪家商店、你喜欢和谁聊天、你最爱哪些话题……

这一切的一切，都被有意无意地数据化。作为生活服务者的企业，精心撷取了这些生活者大量的生活数据，深入理解，制造或者创造出相应个性化的贴心服务，再通过精准渠道送达生活者的身边。

可以这样说，在数字生活空间中，生活者所说的话、所做的事都是数据，而这些数据在某种意义上说，就是生活者本身。我们很难想象一个人从不留下任何数据，从不在数字生活空间中留下任何踪迹，即便有这样的人，他也会因为严重脱离主流社会而变得孤立和边缘化。并且随着科学技术的进步和数字生活空间的不断扩展，这种游离于数字生活空间之外的人会越来越少，在传统三维空间的生存可能性也会越来越低。

如果只把生活者当成我们自己或者我们周围的朋友来看待，那么也许不会有什么歧义或者认识局限。但更多情况下，我们是在营销传播领域当中理解、发现并运用生活者的概念，这会使我们习惯性地把生活者当作另一种形态的消费者来看待，一种理所应当的替代关系诱导我们把生活者类型化、狭义化和片面化。所以我们有必要清楚了解生活者的特点，这一方面可以使我们更好地理解生活者的概念，另一方面可以使我们发现和观察生活者，以便于企业能够为生活者提供更多个性化服务。

第一，生活者既是消费者，又是生产者、服务者

这也就是说，生活者的类型在一定角度上是不固定的，就像我们每个活生生的人一样。当你在购买商品的时候，你是购买者；当你站在货架边推销商品的时候，你就是销售者；当你在企业里工作，为大家提供各种商品和服务，当你接到订单出门，为其他人解决各种问题的时候，你就是服务者。

各种角色都有可能由同一个人担任，而一个人也通常会担任多重角色。生活者本质上是以多重角色、多重角度存在和进行生活的，甚至在作为服务者为他人提供服务的同时，其也在某些层面上作为生活者享受着其他人提供的服务。这就是我们说的数字生活空间中的生活者，他不是孤立的，不是割裂的，不是脱离真实生活而单纯存在的。

作为企业，作为市场营销传播的管理人员，我们更需要理解生活者的多重身份，以便充分利用数字生活空间中的各种潜在产能、潜在生产力，通过技术手段协调、协同这些生产力，以更低的成本、更高的效率为更多人提供规模化的个性生产及个性服务。

第二，生活者既是信息的接收者又是发送者

在传播层面也是同样的。前文我们讲过在大众传播时代，信源和信宿差别明显，电视台和观众、明星与崇拜者、编辑与读者，他们的角色很难互换，他们在传播上的话语权天差地别。所以在那个时候，企业、媒体就是信息的发送者，是信源；用户、读者、观众，就是信息的接收者，是信宿。尽管用户千方百计想把自己的信息公布给公众，传达给企业，但也会由于技术的限制而难以做到。

但是到了数字生活空间中，传播模式更多转化成了平等的规模化人际沟通，这种常见于微博、微信、论坛中的社会化媒体沟通方式最大的特点就是信源与信宿的权利平等。这种平等体现在传播机制上，就是没有任何一个角色会因为自己角色特殊而在人际沟通环境中占有强制力；在沟通中的任何人都可以选择听取或者拒绝，都可以进行自己的信息发布和传播；任何一个人都有可能借助自己在传播上的努力而获得影响力。

也正是因为这种沟通的平等，生活者们不但会作为信息接收者获得企业所发出的信息，还会同时作为信息的发送者，创造并且传播添加了自我意识的信息。在数字生活空间中，你几乎无法控制生活者的信息来源，也无法预判他们会如何理解，如何进行二次传播。一个再不起眼的生活者，都具有引发大规模话题、舆情、危机的可能性。所以企业基本已经丧失了单纯利用大众传播来教育市场、控制舆论的能力，可以做的就是更多地从生活者的角度出发，针对每一个个性化的生活者生产信息，并且接受和理解生活者们发出的规模化个性化的信息。

结合前面说的，生活者在传播层面，也是同样具有产能的服务者。我们甚至也可以——在一定意义上可以说是必须——去协同每一个生活者，为他们提供更好的服务及更精细化个性化的信息，并利用他们的满意和积极性，群体化协同化地创造巨量的个性化信息，以满足更多生活者对个性化信息的需求。这就是我们常说的UGC。

第三，生活者是完整的人，拥有人原本的特性，更拥有属于自己的个性和习惯爱好

每个生活者都是活生生的人，他的情绪、好恶、地位、角色，他的经历、态度，所有的一切都会影响到他的需求、判断。换句话说，一个生活者的一切，包括你能想到的所有和他有着直接或者间接联系的因素，都会影响企业给生活者提供的服务，都会影响他们的购买决策，都会影响他们的满意度。

在工业时代，我们只去研究与购买决策、购后评价相关的诸如舆论领袖、倡导者、购买者、使用者、决策者等角色，因为这些角色和购买有关，和评价有关，而评价又继而会影响人们再次购买。

但在数字生活空间中，一切都与生活者相关，我们要观察的是他们的数据，是他们持续性的全体数据，丢失任何一点，都有可能导致决策错误、服务失败、竞争失利。

第四，生活者不是类型化的，而是具体化、个性化的

比较而言，在工业时代我们往往会去关注市场的细分（segmentation）、消费者的特征（targeting）、产品的定位（positioning），这是经典的STP方法论。通过这种理论，企业可以对市场和消费者的需求进行归纳，形成标志性类型化的需求，之后生产共性化的产品来满足这些共性化类型化的需求。

然而在数字生活空间中，每一个人都是不同的，每一个人都具有个性化的需求，企业也必须正视这些规模化的个性需求，并且去一一满足，否则便无法获得利润。

这里我们要注意的是，在数字生活空间中，在你观察生活者的时候，如果从单独的某个角度、某个层面来观察，你会发现他们也是具有类型化特征的。但由于数字生活空间具有多重维度，这些生活者是很多不同维度和层面的组合，看似同一个类型的生活者，其喜好、决策往往会大不相同。

生活者是全面而整体的，不是片面的，没有一个生活者可以单纯地生存在某一个或者几个固定的层面当中，他们是综合的、变化的、错综复杂的。

所以，我们必须放弃传统类型化的思维习惯，而去整体观察和发现这些具体的个性化的生活者。或许在不久以后，我们会接受这样一个事实：在数字生活空间当中，根本不存在消费者类型，只有各不相同的，数量等同于世界人口总数的，具体的个性化的生活者。

"消费者"这个概念作为工业时代企业生产经营的起点和终点，已经随着工业时代的日益衰落而离我们远去了。标准化、批量化的生产越来越不能满足生活者日益增加并且日益细化的个性化需求，只关注消费者共性的工业时代已经难以复返，取而代之的，是以大数据记录并洞察生活者动态的规模化的个性需求的数字服务化时代。

随着大数据时代的到来，"消费者"这一概念正受到挑战。

陈刚和李丛杉在他们所著的《关键时刻战略》一书中，对于"消费者"大致是这样解释的，我们可以参考。

> 其一，"消费者"是一个个体化的概念。……消费者
> 的行为虽然表现为个体消费，但其背后却隐藏着深刻的社
> 会逻辑。

> 其二，"消费者"是一个类型化的概念。类型化需求
> 是规模经济产生的基础，但是小众化需求和个性化需求却
> 难以被满足，因此，工业经济是一种典型的规模经济。……
> 而数字生活空间的超时空性，聚合了分散化的个性需求，
> 为新的机会点的产生提供了可能。

其三，"消费者"是一个抽象化的概念。……企业只能关注到其抽象化的群体特征，而忽略了消费行为的动态性和多变性。

其四，"消费者"是一个断裂化概念，这体现在两个方面：一是时空断裂，企业认为消费行为具有较大的随机性，难以挖掘消费者购买行为的连贯性，因此，"最后一公里"的零售市场成为企业竞争的重点领域；二是消费孤立化，难以挖掘消费行为与消费者生活之间的关联性。

总体而言，消费者概念是一个小数据时代的产物，符合工业化时代标准化生产、标准化消费的需求，但是却难以洞察消费行为的连续性和个体差异性。……在大数据时代，用户的存在形式和社会行为被数字化，用户行为的关联性和用户存在的特殊性，能够被清晰描述，因此企业对用户的认知也要由"消费者"提升到"生活者"层次。

于是，我们可以看到，"消费者"是一个不全面的概念，它代表和关注了人们在消费这件事情上的特征以及种种规律。而"生活者"不仅是全面的、整体的、真实的人，还是持续发展、不断变化的动态的人。企业更应该把握的是生活者，而不仅仅是简单的消费者。

服务者

既然有生活者，那么就一定会有服务者。有些时候，服务者可能是企业、非营利组织或者个人；有些时候，服务者可能是一个程序或一个系统；有些时候，服务者可能就是生活者自己；更多的时候，我们无法分辨出哪些是纯粹的服务者，哪些是纯粹的生活者。所以我们所说的服务者是指所有为生活者提供服务的实体或者虚拟主体。

在数字生活空间中，生活者通常会以信息实体的方式出现，并影响整个数字生活空间。比如生活者的位置信息、生活者发出的微博及微信、生活者的订单信息，以及生活者对各种其他类信息的评价，这些通通都代表着生活者本身。同样的，作为服务者的企业，需要关注、研究、管理的，在某种意义上就不单是消费者个体，而是所有数字生活空间当中的、作为数据信息出现的生活者们。

服务者的主要工作为以下三个方面。

内容管理

不论是生活者作为信源发出的信息，还是生活者作为信宿接收到的信息，服务者都需要对其进行持续而全面的监测、引导和管理。例如，某一条微博话题与企业产品或品牌相关，那么作为服务者的企业，就需要仔细查阅与这个话题相关的每条信息，并适时利用多种渠道进行舆论话题的引导。再例如，在一种新的服务进入数字生活空间的时候，企业作为服务者需要生产并利用大量的信息来对其进行说明和推广——这些信息不只包括企业原来发布的信息，还包括生活者对其的看法、猜测、评价，甚至是生活者之间产生的二次、三次传播中涉及的信息。还例如，一个企业在某社群中向生活者征集关于自身服务的改进方法和建议，那么生活者所有专业或非专业的建议，都应该被归入产品调研和开发的信息当中。作为服务者，还应该善于调用和协同社会中的既有产能，更多地利用生活者自身角色的多重性，让他们能够在服务者的协同下进行集体信息生产。

数据管理

信息也是数据的一种形式。生活者常出现的地方，他关注某件事情或者某个软件的时间，他午餐订单下达的时间、金额、送货地址，等等，这些都是他在生活过程中产生的数据。这些数据极其严格而又完整地体现着每一个生活者的真实状态。对这些数据的获取和管理是服务者的第一要务。规模化的个性需求，数据的动态变化，还有企业在服务过程中自身产生的大量数据以及这些数据对生活者的影响，都会通过大数据的方式为企业的研发、生产、销售、推广以及管理提供重要依据。

设备终端管理

数据并不是凭空得到的。在技术层面，采集数据需要有相应的传感器或数据采集设备。这些设备有的是独立存在的，有的直接依附于企业所提供的服务或者服务化产品，还有的是公共设施、公共平台。所以如何有效而准确地获得这些数据，其中一个层面的意思就是如何有效地管理这些设备，使它们能够及时、全面、有效地将相应数据反馈给企业。比如遍布全城的自动售货机、大街小巷都能看到的共享单车、微博、微信、我们经常会用到的地图软件，这些都是获取数据的终端设备。能否有效管理这些设备，决定了企业是不是能够看清市场、看清生活者，决定了企业是不是能够在数字生活空间中有效地提供服务并顺利生存下来。

我们不难发现，企业的角色在数字生活空间当中已经悄悄但却剧烈地转变了。在工业时代，企业负责挖掘消费者的共性需求，为这些共性需求生产批量化同质化的产品，并通过大众传播投入大众市场。而到了数字生活空间当中，规模化的个性需求被满足的可能性大幅提升，消费者也不仅仅满足于共性化的产品，纷纷追寻极致个性化的解决方案。于是企业的角色便自然而然地从生产者变为服务者，从向市场提供批量化的共性产品，转为向生活者提供规模化、个性化、整体化的解决方案；从通过市场调研分析归纳的方法来获得消费者需求的共性特征，引导产品的研发和生产，转为依靠大数据向生活者提供规模化的个性服务；从依靠大型销售渠道，提供批量化陈列品供消费者选购，转为依靠大数据支撑下的精准渠道，把个性化的产品或服务精确送达特定的个体生活者身边。

特别应该注意的是，企业本身角色的转变、任务和工作职能的转变也带来了其自身体制和运转机制的转变。在管理上，企业为了适应数字生活空间的融合性和协同性，将以工业化生产为基础的研发、生产、销售、市场、管理等部门打破，转而成立创意传播管理机制。从数据、信息内容、终端设备入手，进行信息数据的采集管理和生产，利用社会协同以及人工智能，来提供规模化的个性化服务。在数字生活空间中，作为服务者的企业在很大程度上是以信息、数据和传播的管理作为公司管理的核心的。

从 4P 到 4C，尽管企业的思维方式及制造产品的出发点有所变化，但最终生产的都是以工业化为基础的批量化产品，并以共性化的产品来满足人们个性化的需求。

到了数字生活空间中，由于时间和空间的阻碍消除了，企业可以利用社会协同、大数据等技术和方法进行规模化的个性化生产。因此，企业将无数个性化的产品组合成更有针对性、更为个性化的解决方案提供给用户，这便是数字生活空间当中企业所生产的核心产品——服务。

同时，由于在数字生活空间中可以进行规模化的个性化生产，众多企业可以进行大规模的精准化个性化服务，从而产生服务化。那么基于大数据洞察和发掘生活者规模化的个性需求，并利用人工智能、柔性生产线等方式进行规模化个性化的生产，最终利用数字生活空间当中精准的触达渠道为大规模的个体生活者提供服务，这个过程就构成了数字服务化的基本形式。

数字服务化

服务化的本质

服务化就是在海量用户的个性化需求的基础上，以批量化的方式直接解决用户的问题，提供解决方案。

大家要注意"服务"和"服务化"的区别，服务可以是个例，而服务化就一定是具有普遍性的、规模化的模式和现象。

大家还要注意工具和服务的区别。工具和服务的区别，也就是产品和服务的区别。

词典里面说，服务，就是为他人做某事。果真如此的话，那么我们所经历的这么多年的服务进化，其实就是程度上的不同了。

时间倒回 30 年前，那时候说服务，可能就是"微笑"。商场、合作社、国营商店，都倡导微笑服务。咱们情景再现一下。

我走进商店，到了一个柜台，看了看里面的东西，然后问售货员："同志，这挖耳勺多少钱一个？"

"6 分。"他的回答简短而坚定，富有英雄气概。

"那你受累给我拿一个行吗？"我试探着问。

只见售货员熟练地——对，不是拿出了一个挖耳勺——拿出了一个小本本，在上面写了品名、数量、价格，撕下几联，说："去那边儿交款。"我其实全程都没有享受到任何服务。当然，当我交完钱，拿着一个在收银台盖过章的小票去找售货员的时候，他自然会把我要的东西给我，之后就是我欢天喜地地回家掏耳朵了。

你要是硬说这里面有服务的话，那也许就是商店把产品从工厂运到了距离你比较近的地方。再或者，你说售货员站在那儿，给你开票给你拿东西，这都算服务。那好吧，我们就算这些都是服务。

上述情景其实是麦卡锡4P理论的体现，即一切都是以产品为核心的，出发点是产品，落脚点依然是产品，至于其他的，最多是锦上添花而已，也没人在乎。

再往后，开始有了一些沿着产品下游开展的售前、售后服务，比如产品功能介绍、送货、使用培训及保修。

这时候你再去商场，售货员就热情多了，抢着向你介绍自家的产品。比如说，你要买台电视，刚刚迈入电视展示销售区，甚至是刚刚走下电梯，售货员们就带着各种表情、语言、道具，以侵略式的强度和密度向你"扑"来。

如果你特别缺乏别人的关心和尊重，那么到了商场就像是到了天堂，一种能够掌控一切的感觉油然而生。我们每个人似乎都有喜欢看别人因为自己而互相竞争的心态，当一堆售货员为我们一笔订单争得面红耳赤，我们可能会有莫名的存在感，甚至会因此冒出"哎呀，我竟然如此受欢迎，原来我这么重要，他们没了我不行"之类不切实际的奇怪想法。但其实他们都很现实，就是为了你兜里那点儿"银子"而已。你管这叫服务，我管这叫赤裸裸的推销。

如果你能够仔细思考一下的话，你就会发现这里面有两层谁都不愿意说出的意思，说了似乎很尴尬，但的的确确是那么回事儿。

第一层意思是，卖家只在乎你掏钱之前的动作。规范化的企业会在售后为你提供承诺过的种种服务，但如果是一些并不太规范的企业，可能这一步都未必见得能做得到。你要是看过在办公楼下面砸冰箱、砸电视、砸汽车的，就能明白我的意思。所以这个阶段的服务，归结起来就是，他为你做的事儿仅仅是为了让你掏钱。

第二层意思是，不论卖家有多好，多热情，他们只会也只能给你提供产品、信息，而不会为你解决问题。还拿刚才买电视的事情来说。你在获得心理满足感之后，对 40 寸、42 寸、纯平面、高对比度、杜比音效、全高清画质、IPS 硬屏、178 度无死角等专有名词怎么看？如果你不是专业人士，你对想要购买的产品有多少了解？你就是一边茫然地接过各种宣传单，一边半推半就、不知终点地被人推着引着往前走。嘴上应付着"嗯，啊，是啊！是啊？是啊？！"之类的话，心里想的恐怕是："这都什么啊，怎么没一个说人话的？完全听不懂这群人在说什么。"这时候你可能会做的，往往有三件事：第一是认真学习，拿出高考的劲头来，研习每一种电视机的技术和卖点；第二是场外求助，给你认可的专家打电话，问他应该怎么抉择；第三是任人宰割。你做第一件事的时候，这些售货员的说话频率是极高的，试图对你施加影响；当你打电话给专家的时候，他们都跟你保持距离，一副观望熟肉、坐等锅开的态势，还不住地煽风点火；当你怎么也没辙了，只能乖乖选择听他们的话的时候，他们一定会给你指出去收银台的捷径，让你交钱。

这没什么不好，也没什么不对，在那个时代，换了谁也难以逾越历史规定的角色。但是当你把电视买回家的时候，幸运和不幸同时降临：幸运的是，你终于有电视看了；不幸的是，这多半没有满足你最初想买电视时候的需求和渴望。

原因在于，企业以产品为核心，销售的是产品，而非为你解决问题。问题是留给你自己解决的，你解决得好或不好或许得看运气，看天气，看股市行情，总之都是没什么把握的事儿。

所以说，这个阶段的服务就在于提供给你尽可能多的产品，让你自己去解决问题。这就应了唐·E.舒尔茨教授讲的那个装修工人的例子，即一个装修工人为了在墙上钻个洞，便买了各种电钻、接线板、钻头等工具，然后再根据自己的专业知识进行准确测量和有效施工，最终得到了墙上的洞。也就是说，产品摆在那里不会自己解决问题，我们需要利用专业知识来把产品当成工具，才能解决问题。

这里面有两个关键点。

第一点，我们要的是解决问题，而不是那些产品本身。换句话说，购买那些产品是为了解决问题。

第二，我们需要有专业知识，才能运用产品解决问题。给你一台相机你不一定能当摄影师，给你一架飞机你也不一定能开到哪里去。

如果这个阶段的服务再继续发展，就需要把工具、产品和专业的知识整合在一起，让人们直接解决问题。

工业时代的服务不太可能再往下发展了，因为其核心是产品，以产品作为核心所延展出来的服务，就是你可见的那几种。工业时代需要规模化生产。大家如果在服务上竞争的话，无非就是比谁的服务更热情，谁的服务更深入。

家电业的海尔，餐饮业的海底捞，不知道能不能算是把这种工业化的服务做到极致的代表。但不论是谁，都是在提供产品，而非提供解决方案。

这其实是罗伯特·劳特朋 4C 理论的体现。也就是说一切都是产品，服务也是产品的一种。所以服务也变得"工业化"和"同质化"。想想那些售后服务电话热线吧，你打过去或许能听到人声回复，但基本上都是机器的录音。而其实服务不应该是这样的，这种工业化的服务，实质上只是一种服务形态的批量化产品。

这就是产品和服务的本质区别了：产品是具体的，在工业时代被批量生产的；而服务是相对抽象和灵活的，是可以——应对不同需求、解决不同问题的个性化交流与生产的过程。

如果要和 4P、4C 一样给个概念，给个理论模型，那么值得推崇的是唐·E. 舒尔茨教授的 SIVA 理论。大家需要的是解决方案，不是产品；企业提供的是帮助客户解决问题的方案，而不是卖给他们某样东西，哪怕卖的是所谓的服务。

这一切其实还是服务的程度和服务的量的问题。为某人做某事，可以很浅层也可以很深入。就像你为某个人指路，可以告诉他"前面左转"，也可以直接领他去，或者干脆搞清他到底要干什么，直接为他解决最终的问题。然而，根据量变引起质变的规律，那种表面化的服务如果足够深入，就能够变成我们所说的真正的服务，而不仅仅是产品的润滑剂。

看看你周围的商业、产业，试着分析一下企业到底是在提供工业化的产品还是互联网化的服务。然后再看看，哪些形态的商业更受欢迎，活得更好，哪些却每况愈下，如美人迟暮一般，一边回忆往昔，一边渐渐淡出我们的视线。

中关村某某电子市场，还是京东？

官批、动批[①]某某小商品市场，还是淘宝？

互联网解决了时间和空间的问题，极大地提高了效率，各种信息、各种产品也都呈指数式增长。对于拥有常规记忆和信息处理能力的人类大脑来说，这信息量显然有点儿太大了。你随便搜索一个"鲜果汁"，就会出现数也数不清的、各种各样的产品和菜单、菜谱，有卖水果的，有卖榨汁机的，有卖包装果汁饮料的，还有卖营养补剂的。它们在各自的产品细分市场中磨炼你的洞察力，猜测和判断你到底因为什么才会搜索这个关键词，然后以各自的产品为出发点和落脚点向你推荐。如果这正好能直接解决你的问题，那自然两全其美；如果不能直接解决你的问题，只要有些联系，商家便会想办法引导你去购买他的产品。

而对于我们来讲，我们的目的是解决问题，是生活，而不是买东西。所以在一定层面上，消费者这个词就给我们定义了功能用法了——对，我们的功能只有一个，就是消费，而对于花完钱之后的事儿，企业并不会太在意。

如此一来，一方面，我们无力去承担那么大量的信息分析工作；另一方面，我们尽全力处理后所得到的产品，也不一定能解决我们在生活中遇到的问题。某一种产品，根本无力去满足这么多需求，但当真的产生了多到数不清的产品时，消费者又没办法找到自己想要的产品了。于是，这种不合时宜的节奏就推着工业时代这架老车，走向了没落，走向了终点。而服务，却因

---

① 官批，指北京官园商品批发市场；动批，指北京动物园批发市场，它们均是我国早期建设的小商品批发零售市场。

为先天的性质和优势，适应了互联网时代的特征，为我们能够更好地生活做着各种各样有意义的工作。

我们想让读者朋友们弄清楚，什么是产品，什么是服务，以便于你自己在进行商业布局的时候正确选择。

分辨出产品和服务，是你在决定做什么样的生意的时候首先要思考的。再说一次，关注出发点和落脚点，记住装修工人的故事，用户最终的目的是解决问题，而不是购买某种产品。

饿了么到底在卖什么产品？它是在帮你解决"想吃不一样的，但又懒得出去"这个问题。于是饿了么利用互联网技术协同了多到数不清的送餐员，多到数不清的饭馆，还有你多到数不清的馋虫。

饿了么并没有卖给你一个万能做饭机，而是给你提供了服务。一盘麻辣小龙虾你怎么会管它是用什么做出来的，谁做出来的，以及别的什么无聊细节呢？能吃、卫生，而且好吃，再加上召之即来，这就挺好。

这就是服务。

由于受到科学技术的限制，不能不承认，在某些领域里，我们仍然无法完全摆脱工业化产品，但在很多领域里，科技的发展其实已经足够你创造合适的服务了，只是别人还没有这种意识，只等着你去发现。

我们至少可以用以下这些特征来寻找可能发展创造的服务。

特征一：多种资源（或产品）协同配合解决一个个性化的问题

为什么一定是多种资源？因为只有做到一般用户无法做到的，才有创造这种服务，进而以这种服务为核心，使企业盈利的可能性。

为什么是个性化的问题？很简单，如果是共性化的问题，你只需要开发和生产一个工业化产品。比如，"想看自己的脸长成什么样子"这个问题怎么解决？你需要开一个素描画室给每一个人的每一种姿态提供个性化的超写实素描，还是干脆开个工厂大批量生产镜子？问题的答案是显而易见的。

所以，这一类服务一定是用来解决那些需要多种资源配合协同才能解决的个性化问题的。

比如装修。

你知道的，要找泥瓦工、油漆工、木工、管道工、电工，做墙面和地面的、做门窗的、做上下水的、做强电弱电的，还要买材料，买家具、家居用品……也就是说，我们装修房子，需要多种资源的统一配合。而这些资源往往都是一些成型的产品。我们作为用户，当然可以自己去商店买锤子、电钻、铁锹，买各种建筑材料，然后进行装修。然而，你买这么多产品，其实都是为了解决一个问题，就是把你的家装修成你喜欢的样子。

一个普通人，显然没有这么大的整合能力、这么丰富的资源以及这么多时间来完成这个任务，但这种问题又是极其个性化的，很难千篇一律，很难规模化，没办法像"国民床单""国民茶缸子"一样统一生产。

再比如，举办婚礼。

结过婚的人大概都知道举办婚礼绝非易事，办一场婚礼需要各方面资源的配合才能完成。比如酒店、餐食、服务、司仪、车队、现场的灯光、音响等等，这正是婚庆服务业经久不衰的原因。可不可以做成集体婚礼？当然可以，又不是没有过。但在大家越来越想个性化、生怕跟别人一样的心理作用下，集体婚礼显得是那么的不合时宜。

不但要不同，还要别致、新颖、有创意。这都是个性化的标志。

你可以基于这个特征，来寻找你的服务所在。如果你能为用户整合资源，让他从冗长的工作链中解脱出来，只需要跟你说他想要什么，然后他就可以等着收货……这就是你的服务，你的生意，你的商业模式。

特征二：需要专业知识或设备来解决个性化问题

所谓的专业知识，其实是相对的，指的是那些在当下门槛比较高的、比较少见的知识及设备。如果有某个领域或行业依赖这样的知识或者设备来为用户解决个性化的问题，那么这也可能是你创造服务的出发点。

在财会、法律之类的领域需要非常专业的知识才能解决相应问题。隔行如隔山，大部分人不懂财会，不懂得法律事务，所以我们需要会计师和律师的服务。

单反相机、灯光、布景、修图我们一般人也不会，所以我们需要摄影师、照像馆的服务。

对，没错，我知道你要说，现在拿手机拍照，再用美图秀秀修一下就了，根本用不着摄影师什么的。这就是我刚刚说的"相对的"。

记得在多年以前，任何一个旅游景点都会有人摆摊照相，照一张交20块钱，照片洗出来之后给你寄过去，或者用拍立得相机，立等可取。这样的摊位现在还有么？甭说他们，不少正规的照相馆、摄影工作室都已经落寞得让人可怜了。

在我小时候，整条胡同就只有一台公用电话，打电话5分，接电话1毛——

因为公用电话摊主会跑小一公里去你家院子里喊你过来接电话。那时候，这一台电话带来的收入是能够负担摊主一个人的日常生活支出的（那时候一个国营工厂正式职工一个月的工资加奖金也就 30 来块钱），可现在你支一个公用电话摊位让我瞅瞅？

照相摊位和公用电话的落寞，究其原因就在于，这些解决问题的途径变得大众化、业余化，没什么门槛了。

从短期来看，你可以关注一下有哪些高门槛的设备、知识。别人没有，你有，别人不会，你会，那么这就完全可以变成一种服务。

需要注意的是，上面我们说的是服务，可不是互联网时代的服务化。

传统的服务和互联网的服务化有什么本质的区别？其实就是我们一直在反复絮叨的规模化。传统服务是个性化的，但是和个性生产一样，受到时间、空间以及效率的制约，很难以低成本扩大规模。互联网恰巧解决了时间、空间和效率的问题，可以把个性化和规模化良好地统一起来。

规模化的个性化生产、规模化的个性化服务，这才是我们要找的互联网时代的服务化商业模式。

说到这儿了，怎么做其实很简单了，公式大抵如下：

寻找个性化服务 → 利用互联网的便利将其规模化 → 优化并建立新的服务化商业模式

这里要提醒大家注意的还是出发点和落脚点的问题，大家一定要摒弃传统工业时代的思维方式，不要以产品为出发点。记住，你要的是"墙上的那个洞"，要的是解决问题，不必拘泥于如何解决，也不必硬要做出一个什么实体的产品来。

你来想想看下面这两个案例，看看它们的出发点和落脚点在哪里，如果是你，你会怎么考虑？怎么决定？

案例一，待解决的问题为："吃货"们不愿意走远路，还想吃到可口美味的饭菜

第一种思路是我们开个饭馆，就开在居民区里，顾客来了也不会走太远，想吃什么我们做什么，绝对可口美味，绝对是个性化服务。我们说，这种思路是非常可爱的农业社会思维方式，好是好，但是问题在于没法扩大规模，所以也就很难赚到很多钱，很难形成比较大的影响。由于规模的限制，你的品质、口碑、知名度等等都会受到严重的制约。如果你不愁吃喝，全为解闷，那这么干可能是个方法，但这也绝非互联网时代的商业模式。

第二种思路是找几个朋友合伙，做一个连锁的"私家小厨"，遍地开花，一年开至少 100 家店，形成规模化。没错，可以，但是你已经不自觉地走上了工业化的道路了。因为你马上会遇到成本和管理的问题。菜单怎么制定？原配料怎么采购和配送？这些疑难问题直接指向同行的解决方法，即"中央厨房"。也就是说，你会精选菜单，固定大部分菜品，以便做到规模化集中生产，集中配送。然后你就从个性化的私房小厨，演变成同质化的连锁餐饮企业了。麦当劳、肯德基、必胜客、吉野家，国内的西贝西北菜、马华牛肉面，无一不在实践着这条路。幸运的是，它们在选择这条路的时候，正是在工业时代，而你在互联网时代再这么做，生存和成功的可能性和意义都不是特别大。与此同时，你在挑选菜单、精简产品的时候，又会无可避免地严格按照工业化生产的思维来考虑产品，考虑消费者的需求特征，考虑他们的共性，于是个性化荡然无存，就好像从来就没有过一样。你的初心一定会被现实踩成渣的，还是特别碎的那种。

第三种思路才是我们倡导的。

想吃可口的饭，还不用跑远路？想个简单的办法来解决这个问题，不必拘泥于什么饭馆、什么连锁、什么菜品。

首先，饭馆不遍地都是么？想吃什么都有人能做得出来，我们犯不上再重复建设了。

其次，不是不想走远路么？那极致一些，连门都不用你出。有那么多快递公司、快递员呢，送什么不是送啊，雇他们送饭不就得了？

最后，也是最重要的，我们都有手机，有这个极其便利的移动互联网的沟通方式，做个 APP 让"吃货"们把自己想吃的东西写出来，谁能做谁接单，谁愿意送谁就去送，支付系统和逻辑也都是现成的。

简简单单解决所有人的问题。

并且，这是一个可以迅速规模化的商业模式。

看看现实中的优秀案例吧，饿了么、百度外卖、回家吃饭，这些互联网服务品牌正是运用这种思维方式和商业模式来规模化地解决用户的个性化问题的。

案例二，待解决的问题为：个性化出行，不想多花钱，也不想挤公交

其实公交系统是非常标准的工业化出行解决方案，既然是同质化、工业化的产品，必定具有廉价、体验差等核心特征。虽然现在的公交系统四通八达，尤其在大城市，几乎是无死角覆盖，但是又慢又挤，让人很不舒服。

第一种思路是使用小区班车。从居民区出发，几条线路直通集中的商业区，小区业主可以自行选择，就近下车。这种方法听着就像是又开了一条公交线路，没有任何其他的特点和优势，依然是在牺牲大家个性化需求的前提下，找到一些共性，然后以工业化的方式来满足这一小部分的共性。这绝不可取。

第二种思路是设立小区出租车等候区，让出租车在小区里等候，业主早上上班的时候，直接坐出租车到达目的地。然而事实上，根本没有出租车会在这里等候，早晚高峰的时候，出租车甚至不愿意在火车站等，更甭提居民小区了。另外，打车的费用显然不能算低，这又是没能完全解决问题的一种方式。

第三种思路是滴滴出行的模式。

请注意我们说的是现在的滴滴出行，不是早期的滴滴打车、快的打车。之前的滴滴打车、快的打车，虽然利用互联网解决了乘客和司机之间信息不对等的问题，使出租车行业的效率有了飞跃式的提高。但是，那时候的滴滴打车并没有创造新的运力，我们可以说，早期的滴滴打车是对传统出租车行业的一次互联网升级，是一次出租车行业的规模化、个性化升级，更重要的是信息化升级。而如今的滴滴出行整合了快车、顺风车这些出租车以外的产品（2018 年，滴滴出行的顺风车业务出了不少问题，已经被下线整顿。我们认为，出现这些问题的原因主要在于，滴滴出行的顺风车嵌入了社交版块，使顺风车司机和乘客之间产生了信息不对等，带来了不稳定因素。但顺风车业务本身是符合服务化商业逻辑的，是最能体现共享经济的案例），这是我们在思考服务化商业模式的时候应该注意和借鉴的。没错，无论黑猫白猫，能解决问题的就是好猫。纯从商业逻辑上来讲，只要能够完成服务链中的关键任务，就是可以使用的资源，都可以进行协同。当然，在实际操作过程中，要注意法律和道德的准绳和底线。

服务化就是数字生活空间中的一种基本的商业逻辑，在这种商业逻辑当中，我们可以看到许多种并不一定相同的运作模式，但其最终的目标任务和结果都是一致的，那就是解决生活者规模化的个性需求的问题，而且要尽可能地快、尽可能成本低廉。

服务化的两种模式

具体如何才能达成服务化，不同的时期有不同的解决方式。我们在书中提到过多次，农业、手工业、工业时代的服务或者部分服务化，基本都是以一对一、高端定制的方式来进行的。这确实是一种真正意义上的服务，却不是我们所说的服务化，这一个"化"字，体现了个体性，也体现了其普遍性。全社会都在进行这种服务，才是服务化。

那么如何使这种几乎无法批量复制的服务做到规模化，做到普遍性呢？这就是我们前文讲述创意传播管理理论时，说到的数字生活空间的优势了。已经讲过的内容我们不再赘述，但是大家要记得，数字生活空间当中没有时间和空间的限制，我们可以在数字生活空间内，寻求资源的整合与协作，这常常是没有障碍的，而且边际成本极低。

于是，为了达成规模化个性化，我们看到了两种服务化的模式——协同

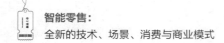
服务化和数字服务化。

协同服务化

顾名思义，就是利用社会协同来充当生产力和产能。因为大家可以很容易地理解，受到工业时代效率低下和信息不对等的影响，很多生产力是被闲置在社会当中的，这些闲置的生产力往往处于三维空间中那些比较偏僻、比较隐蔽，有的时候是比较碎片的区域当中。一种情况是，我们根本无法了解它们的存在；另一种情况是，我们即便知道它们的存在，在工业时代并没有一种技术可以在有限成本当中把它们找出来、组织在一起进行生产活动。

这其实是工业时代末期生产力分布极不均匀的一种典型体现。而极为巧合的是，移动互联网的出现和普及，为数字生活空间打造了物质基础，而我们现在已经知道了，在数字生活空间当中，其实并没有绝对的时间和空间的阻碍。那些看似非常碎片化、组织整合成本极高的分散产能，都因为数字生活空间中这种近乎零的边际成本效应，而变得可以整合，值得整合，甚至可以产生暴利。

一对一的服务可以是个性化的，那么怎么进行规模化呢？有人说，那么，多找些服务者不就好了？假如全球 70 多亿人都需要这种个性化服务，那么，我们到哪里去找另外 70 多亿人来服务我们呢？难道去雇佣外星人？

我们只能靠自己，用社会中不对等的、不均衡的闲置产能，也就是这些既有社会产能来服务我们自己。这种方式，就是我们说的社会协同。

这个道理通用于各个领域，在互联网传播当中，我们熟知的 UGC 以及我们说的分享，其实就是利用传播领域当中的这些既有社会产能，引发社会协同，让大家来服务大家。这在生产领域也是一样的。

怎么才能达成这种社会协同呢？

通常情况下，我们需要一个含有合理规则的平台，把这些社会既有产能整合在一起，统一管理，统一分配。滴滴出行就是这种形态，有引流机制、奖励机制、惩罚机制、留存机制、转化机制。这些机制协调一致，才能让更多社会既有产能流入平台，同时吸引更多人到这个平台上来解决问题。

这看起来是非常美好的一种状态，但是这种社会协同在根本上有着先天劣势和风险。也就是说，社会现有产能大部分都是以人为单位出现的，并且是由真实的人的主观意识来把控的。那么这些个体化且多样化的人就存在着诸多不可控因素。

我们知道，这些社会产能是被某种机制吸引过来的，我们并不对他们有任何的强制力，管理上也没有办法过于严格，这就造成了产能的不可控。

换个场景，比如在一个拥有 1 万台机器的工厂里，厂长每天战战兢兢，因为他不知道这 1 万台机器什么时候会出什么问题。

社会协同平台就存在这样的风险。这里面有太多的宾语，不可控的可能是时间，可能是质量，可能是数量，可能是安全，而这些不可控的因素，其实是无法通过制度和规则进行规避的。这些风险的背后都是和规则制定者智力相当的独立的人。

一般看来，这种协同服务化都在一些非要害性的领域长期存在，而在一些关乎安全、关乎生命的领域，往往只是过渡性的存在，待技术更新，时机成熟时，就一定会被数字服务化所替代。

数字服务化

就像之前说的，我们可以将数字服务化理解为以数字技术手段来解决服务化的核心问题，即满足规模化的个性需求。对比协同服务化来说，我们也可以将之简单地理解为，生产力和产能的来源是数字技术。

数字技术有哪些？可能随着科学技术的发展与普及，这些能够提供产能的技术会越来越多。就现在可见的技术来说，大多数是以自动化、智能化、柔性化为特征的生产能力。比如说 3D 打印就极具柔性化，比起开模具制造，3D 打印可以快速单个制造，而且可以结合物联网进行全自动化的制造。

我们可以试想这样一个场景。当 3D 打印店的成熟度和普及度如当今的相片彩印店一样的时候，我们可能就再也不需要去商场买杯子、盘子、碗，甚至家具了。到那个时候，宜家家居可能也是一个全线上的、虚拟化的企业了。宜家家居有自己的 APP，APP 可以用于实地测量你的家居环境、尺寸，然后智能地为你提供多种家居组合方案，同时还允许你来自行设计和修改调整。而后，宜家家居 APP 会自动选择一个距离你最近的 3D 打印店，把你定制的独一无二的家具和家居用品制造出来。最后，再以社会协同的方式打包送货并提供安装服务，再或者直接让你上门提货，自行安装。

不难想象，如果是这样一个生产流程，那么宜家家居的生产效率会提升多少，销售额、销售数量会提升多少，又能节省下多少店铺租金、人员成本、物流成本、原材料采购成本以及工厂车间等重资产的硬成本？这就是数字技术产能所带来的极大的效率提高和生产力提高。同时不要忘记，对比协同来的以人为基础的社会产能，这种数字化产能有着极强的可控性和可靠性。

随着人工智能的不断发展，这些机器可能会通过物联网进行资助协同。积极乐观地说，这可以促使我们人类越来越多地把时间、精力和智慧用在创新上。但也不可否认，电影《终结者》中所说的天网，也就是那种超级人工智能最终反而统治人类的事情，其实是很有可能出现的，具体什么时候出现我们不确定，但愿我们活不到那一天。

好，那么就现有的科技而言，要达到数字服务化其实是有很多限制条件的，我们无法强求科技在我们的业务领域中随着产业链而飞速发展，这是不太现实的。更常遇到的情况是，我们在规划数字服务化商业模式的时候捉襟见肘，磕头碰脑，遇到的全都是无法解决的技术难题。这也是服务化新零售从数字技术中寻求支持却屡屡受挫、屡屡碰壁的原因。

根据数字服务化的运作原理，其实我们可以发现数字服务化的三个核心的、结构性的单元组件——大数据、智能生产还有精准渠道。

大数据

大数据是这一切的基础，没有大数据，我们就什么都不知道，也就不用说如何去洞察和满足人们的需求了。而其实在数字服务化的环境中，大数据还是比较宽泛的。我们在这里简单描述一下大数据。

首先，什么是大数据？

对于大数据的追捧似乎是从搜索引擎开始的，还有那本著名的大作 *Big Data*[①]。其实原著中有很详细和很明确的，我们也认为很正确的所谓"大数据"

[①]　维克托·迈尔 – 舍恩伯格、肯尼思·库克耶：《大数据时代》，盛杨燕、周涛泽，杭州：浙江人民出版社，2012 年。

的定义，以及数据来源、应用之类的说明。可不知道是什么原因，对大数据，业内业外仍然弥漫着一团雾，很多人弄不清大数据到底是什么，到底干什么用，所以我们在这部分，为大家梳理一下，深入浅出地说明一下大数据的本质和原理。虽然字数不多，但是如果你能掌握我们讲的大数据的核心本质，你还是能够得到启发的。

至于大数据在每个领域该怎么使用，这不是我们这本书能够解决的，需要各位发挥创造性，改善、变革你所在的行业。

首先，从字面上讲，大数据就是大的数据，我们姑且这样来对名词进行分割。实词是数据，虚词是大。我们先看看数据是什么。

编号	学生姓名	邮箱	手机号码	报名时间	报名方式
1	赵某某	3********5@qq.com	180*******5	2014年8月28日	网上报名
2	王某某	y******5@hotmail.com	137*******4	2014年8月28日	手机网页
3	王某某	2*****7@qq.com	138*******2	2014年8月27日	手机网页
4	姬某某	j****7@qq.com	131*******8	2014年8月27日	网上报名
5	姜某某	1*******5@qq.com	138*******5	2014年8月27日	网上报名
6	赵某某	7*********9@qq.com	186*******5	2014年8月27日	网上报名
7	杜某某	1*****7@qq.com	186*******4	2014年8月26日	手机网页
8	靖某某	h******d@163.com	136*******8	2014年8月25日	手机网页
9	金某某	1******8@qq.com	156*******8	2014年8月25日	手机网页
10	王某某	W********n@gmail.com	137*******7	2014年8月25日	手机网页
11	李某某	1********3@163.com	189*******6	2014年8月25日	网上报名
12	漆某某	1******0@qq.com	132*******7	2014年8月25日	网上报名
13	刘某某	4*********0@qq.com	135*******8	2014年8月25日	网上报名

上图是大家常见的一种数据状态，它记录了学生的姓名、邮箱、电话等等。所以我们可以把数据看作是对事物或者现象的量化描述。

再说说大数据的"大"。到底有多大？

刚刚我们看到的、说到的这种数据，存在于生活各处。你手机里的通讯录，算不算数据呢？当然算。在公司做年会奖品的调研问卷，然后统计大家的答案，算不算数据呢？当然也算。你把同事们每天来办公室、坐下、倒水、上厕所、吃东西、打电话的时间记录下来，算不算数据呢？这些当然还是数据。

那么这些是不是大数据呢？显然不是。对，它们不够大，所以只能算是数据。

那么要多大的数据才算够大呢？

其实，对什么是大数据，并没有量级的严格规定。我们要先清楚抽样调查和大数据这两个定义的区别。

一个普遍的说法是，所谓大数据是指在某个特定条件下所记录的全体数据。所以说大数据是和传统抽样调查数据相对应的，是一种和普查结果类似的数据。

抽样调查是一种非全面的调查，指的是那些通过对全体调查对象中的一部分样本进行调查的过程。而抽样调查所得到的数据，也就一样具有了抽样代表性。比如说，我们做了一个上海市 20~30 岁的人吃早餐习惯的调查，用概率的方法抽样了 200 个人进行调查访问，而事实上，符合上海市、20~30 岁这两个条件的人可能有 200 万。可以说，我们调研的这 200 个人中，1 个人就要代表 1 万个人，这 1 个人的习惯、方法、特征代表了 1 万个人的习惯、方法、特征。这结果准么？肯定不准。所以我们才希望样本量尽可能大一些。可就算是我们调查了 2 万人，那么 1 个人也要代表 100 个人，1 个人的特征也要代表 100 个人的特征。而 100 个人之间的差异，你很难想象到底会有多大。

普遍调查，比如人口普查、经济普查，调研者对调查对象逐个进行调查访谈，搜集数据，把每个人的特征数据记录下来形成全体数据。这是不是大数据呢？如果不太严格地讲，可以算是。但是这里面还是有个小问题，就是数据获取的方法。

调研，不论是定性调研，还是定量调研，都是在调研组织者的主导下进行的。在一定程度上，调研的组织者是主动的，而这些样本、调研对象是被动的，通常是被要求回答、描述一些问题。所以这里面就可能存在沟通失真和记录不准确的问题。

比如说，你问他："你每天早上都吃早点么？"他说："吃。"但有可能他只是今天早上吃了，或者你提问的时候，正好他女朋友在旁边，并且他女朋友曾警告过他一定要吃早点。

再比如，你问他一个没那么理性和准确的问题："你早餐爱吃什么？"他回答："鸡蛋灌饼。"但他这么回答，可能只是因为他此时此刻想吃鸡蛋灌饼，事实上他平时吃三明治的概率更高。

而我们这里说的大数据，更多的是指那些客观记录的全体数据，它们更客观、更全面、更准确一些，也才有这个"大"的意义。

大数据的规模还会随着时间推移不断增长。没有最大只有更大，要有所有个体的数据，还要让它们乘以时间，才是我们所说的大数据。

大数据一般都从哪儿来呢？其实无非以下几种途径。

1. 历史性积累

你的客户名录、地址、电话，你的员工记录，你的供应商记录，这些都是大数据的来源。再比如说，邮局规定，要把所有用户的邮递信息至少保留

182

2 年，银行要保留 10 年内所有储户的账单，一个学校记录了成立以来所有学生的资料，这些积累也是大数据的来源。

2. 目的性搜集

这个最容易理解，你想要什么信息，就去搜集什么信息，就像经济普查、人口普查一样。你想知道长安街上的行车信息，就蹲在长安街各个路口进行统计，看过来过去有多少车辆，它们是什么颜色、什么品牌、什么排量，看车速、车牌、开车的人，等等。

3. 记录一切的好习惯

这个最重要，因为我们要的是全体数据，所以通常情况下，临时抱佛脚是很难奏效的。你要有意识地数据化你所能看到的一切，把它们记录下来。每一个看似无关紧要的小数据，积累起来就是意义非凡的大数据了。如果你对此进行挖掘和分析，就能够得到令你惊喜的结论。

关于大数据还要说明一点。

陈刚教授曾把大数据表述为"在一定意义上这个世界的标签化数据"。也就是说，大数据是通过各种标签来定义每个用户、每个场景、每种渠道、每个媒体以及整个世界的。进而陈刚教授又将我们所说的人工智能表述为"对这些标签化数据的程序化处理"。所以大家一定要走出一个误区，人工智能不是机器人，在本质上，人工智能是对大数据的程序化处理。

在陈刚教授的体系中，未来，随着物联网和互联网的不断发展，当大数据的数据来源越来越完整，我们前文所描述的在创意传播管理当中意义重大的生活者，也将在某种层面上变成一些标签的数据化实体。

智能生产

这个概念从工业 4.0 一直流行到现在，谁都没有完全说清，到底什么是智能生产，到底怎样才能做到智能生产。我们也并没有看到特别多的成功案例，也只能从一些目标任务和特征方面来理解智能生产这件事了。

智能生产的任务很简单，就是大数据探测出来的那些规模化、个性化，而且是实时动态变化的需求，这些需求需要有机制去满足。

论特征，智能生产的特征包括但不限于以下几个方面：

1. 个性化

如果你的智能生产平台生产出来的都是一模一样的标准化产品，那这也就算不上智能生产，这和我们说的服务化时代有天壤之别。所以这是最重要的一步，产品必须个性化，必须要做到每个都不同。

2. 柔性化

和个性化相配合，你的生产线一定具有弹性，是柔软的。这怎么理解呢？我们以雕版印刷和活字印刷为例。雕版印刷，一个版只能印一种东西，印多少都无所谓，在边际效应所限的一定数量内，印得越多，分摊的成本就越低。这种印刷方式非常工业化，不具有任何弹性，所以我们几乎无法要求在印到第 2001 份的时候调整雕版。而活字印刷的优势就在于，它可以随时变化，印到第 65 本的时候，我突然想去掉一段话或者改几个字，都没问题，换掉那几个活字就可以。

反观我们的生产，如果你的工厂只能生产 500ml 一瓶的果汁饮料，而且一个生产批次的产量就是 20 吨，那换包装换规格对你来说，简直是重建生产线。这是一种非常标准的工业化方式，没有弹性可言。

所以如果生产不够柔性化，那么同样做不到数字服务化。

3. 程序化

程序化没有特别明确的定义，大概的意思就是，利用计算机和数字技术，自动执行一些烦琐而且不重复的系列动作，也就是高效率的批量化、个性化生产。这其中的重点在于其区别于流水线。流水线也是高效率、批量化生产，但却是同质化的。而在我们所说的服务化新零售当中，需求是个性化的，所以产品和服务也是个性化的、各不相同的，同时是海量的。

能够规模化复制是降低边际成本的根本。而程序化是推进规模化复制的根本。

还以古时候的印刷出版为例。如果找个秀才来手抄，这够个性化、够柔性化了吧？随时可以让秀才改个字，字体可以改，排版可以改，而且抄几本都行，随意，只要他有足够的时间就可以。

但是别忘了，我们说数字服务化要解决的是规模化的个性需求。你让这个秀才给不同水平的小学生抄写 10 万本唐诗宋词选集，他一时半会儿干得完么？是，或许可以干得完，一周抄一本算快的了吧？按这个速度，他一年抄 52 本，抄 10 万本差不多需要 1923 年。咱就算老秀才可以活到 1900 多岁，那等着看书的孩子呢？那还是孩子么？都成仙了。

所以一定要把个性化、柔性化中间的流程规划和梳理清楚，并利用数字技术，将其程序化，让电脑、计算机、数字技术来大规模复制这些个性化和

柔性化的工作，这样才有意义。

4. 数字化

有人说，某些机械的生产也可能具备个性化、柔性化、程序化特征。但大家是否还记得，我们说的数字服务化的根本是什么？是大数据。所以要在我们的智能生产中体现智能，首先就要让生产先数字化，至少是数据化。可测量，可记录，可积累，才能进一步进行分析、运算、挖掘，为人工智能提供基础。

同时，数字化也是物联网以及各种网络互联的基础，是协调设备、整合生产力的基础能力。

5. 智能化

智能化指依托人工智能技术，使电脑像人一样工作，使工作效率成几百万倍地提高。但在这一"噩梦"还没有成真之前，我们很多企业都在使用"人工"而不是"人工智能"，这其实是"人肉智能"。现在没有一个企业或者组织敢说自己已经搞定了人工智能，谷歌也不敢，我们更不敢。

精准渠道

所谓"精准"的意义，不要被行业内或者媒体说的"小区液晶屏""超市液晶屏""精准DM直投杂志"等这种垂直细分的类型化媒体所误导。因为在大数据驱动的数字生活空间中，这些渠道实在是不怎么精准。

而"渠道"（access）这个词来源于唐·E·舒尔茨教授的SIVA理论。为什么我们不讲媒体、不讲销售通路，而讲渠道？因为现在的渠道都是具有综合功能的，也就是说，它既有媒介传播能力，也有销售能力，还有用户反馈能力及其他各种能力。随着媒体数量越来越多、形式越来越多元，渠道可做的事情就越来越多样。所以，我们不能只把渠道看成单一的"媒体"或者"销售通路"。

从整体来说，精准渠道就是一对一的，针对每一个用户建立的多媒体、多功能的渠道。

当我们利用大数据洞察出每一个用户想要什么，并利用各种智能化生产方式成功打造产品或服务，之后把相应的产品或服务通过精准渠道送至用户手中。不把张三的饭送给李四，不把老赵的咖啡送给老刘。这就是精准渠道。

以上是我们给大家归纳的数字服务化的状态。我们说过，服务化新零售就是数字服务化的一种具体表现形态，那么具体到服务化新零售，该有哪些逻辑、道理和公式呢？

服务化新零售的基本模型

服务化新零售，其核心概念在于数字生活空间的构建给企业、商业环境带来的变革。

我们先给大家一个通用的模型，大家可以根据这个模型，来判断服务化新零售的基本逻辑。

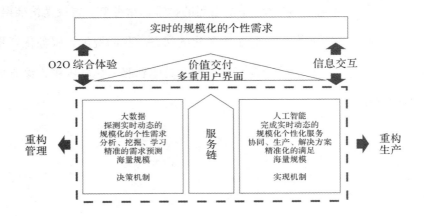

我们从上到下来解释这张图。

实时的规模化的个性需求

这是所有事情的起点，也是所有事情的终点，这其实是人类最核心的需求状态。而随着科技的不断进步，我们会越来越接近可以完全满足人们这种需求的状态。

用户界面

我们不称之为终端，不称之为渠道，原因在于其形态过于多样化，而且有的时候我们几乎看不出这是在销售还是在讨论，又或者是在生活。这个价值交付的过程深深嵌入我们的日常生活，无法被清晰地分割出来，不存在一方向另一方传递价值、交付价值的情况，也没有一个明确的方向。在这里，唯一可识别的就是交付的过程，我们找到了用户的需求，把我们的服务交付给用户，那么这个进行交付的地方，就是我们说的用户界面。再次强调，这可能不是一个具体的地方，而是掺杂着交付空间、交付机会、交付方式、交付场景的多种意义的统称。

比如我们使用苹果手机，苹果所交付的价值就有很多种类，有实物的手机硬件，有手机带来的具体但却是非实物的功能和解决方案，还有手机给用户带来的精神上的、情感上的价值。这些价值的交付不是在同一个维度当中的，但都属于这个企业、这个品牌所交付的价值。

用户获得了多重的体验，而作为服务者的企业，也在体验这种交付过程。随着数字化的不断深入，这种体验在用户界面中的表现还包含着各种信息的多方向传递和交换。生活者——也就是用户——和服务者的信息交换，生活者之间的信息交换，服务者的服务系统中各个环节、个体的信息交换，这些都将体现在这个界面当中，并综合影响着这个界面的运转机制、运转效率。

这是服务化新零售中最前端，也是最表象的一个环节，是我们能够通过现象清晰观察到的一个环节。

服务链

在服务化新零售的系统中，其实不存在孤立的产品和服务，产品和服务一定是互相交织形成一条链，才能综合解决生活者的各种需求。而其中的每一个个体产品和服务，也会在整条服务链中找到自己的位置，并通过服务链体现价值。

围绕着服务链，有两大后台系统，分别是大数据和智能生产（或称柔性生产）系统。

大数据是服务化新零售的所有活动的指导机制和线索。一切活动的方针、具体的执行方案的制定都应该在大数据的指导下完成，否则就做不到既个性化又规模化，而且精准快速地解决用户的需求。

智能生产则是具体创造价值的过程，是在大数据指导下创造价值，并最终传递到界面、交付给用户的核心创造环节。在服务化新零售当中，也只有智能生产即柔性生产才有可能快速而又精准地满足用户的需求。

这里要特别说明一下的是，完全的大数据在这个时代还并不存在，包含世界上的所有人、所有机器、商业、经济，甚至是环境、生物、气候等在内的完全数字化、动态化的大数据，在短时间内还不太会出现。我们再次强调，如果需要驱动服务化新零售，那么，在服务化新零售中的大数据，至少需要包含三种类型。

第一，订单类数据。这部分数据最容易获得，阿里巴巴、京东等电商平台这些年所积累的订单数据，以及各种零售企业的订单数据、快递公司所掌握的订单数据、支付机构所掌握的订单数据，都是我们可用的数据。这一部分数据比较直接地反映了用户的购买习惯、购买频次，以及购买力等传统营销当中所需的大部分事实依据。但对于服务化新零售,这部分数据还是不够的。

第二，资讯类数据。我们都知道，目前的大数据技术是对个体化的用户做标签画像，描述这是一个什么样的用户。而单从订单当中，是无法完整以及立体地了解一个用户的喜好、性格、习惯的。但是资讯类数据却可以做到这一点。我们所说的资讯类数据，是指新闻、社交、视频等平台积累的有关用户的阅读习惯、观影喜好以及人际关系、话题等各种他们在实际接触信息咨讯时所积累下来的标签和数据。这部分数据目前是极为分散，极不成体系的，却是我们所需要和必须用来构建个体化人群画像的关键。有了这些数据和画像，我们才能对我们的个体用户进行描述和判断，进行预测和推演，才能够知道他们喜欢什么、可能还喜欢什么、他们的喜好未来会怎么变化。

第三，生活类数据。比如，高德地图记录了路况信息，有可能也记录了我们的运动坐标轨迹（只是臆测，并没有证据显示高德地图记录了我们的坐标轨迹）。这些数据能够非常真实地反映我们实际的生活习惯、工作情况、收入结构、家庭关系，并能在各种真实的应用场景中找到具体的精准的用户。这部分数据目前大都掌握在一些生活服务类应用和企业手中，比如移动运营商、导航应用、订餐应用等等。

需要注意的是，目前生活类数据的合法入口其实并不多见，很多企业即便掌握了这些生活类数据，也会因为隐私问题无法公开，无法对其进行商用。但有一个产品例外，这就是智能音箱。我们曾经判断智能电视将是生活类数据的合法入口，但事实上，我们看到智能音箱可能将替代智能电视变成这一类数据的入口和整合中心。小米的智能家居系统能够探测居家环境的温度、湿度、空气质量、水质、光线等，现如今已经进入千家万户，同时一些智能化控制设备，也随着智能家居进入了我们的生活。而整合这些系统的中央平台，就是小米自己推出的智能音箱——小爱音箱。随着小爱音箱在人工智能上的不断进步，以及和其他数据、服务的不断对接，其应用场景将越来越多，以至于我们为了获得它给予我们的便利生活，允许也愿意它获取自己的一些生活类数据。这就给整个服务化新零售的数据系统提供了一个美好的未来。

最后，围绕着大数据和智能生产，企业要重构管理方式，以满足实时变化的用户需求，并重构生产方式和流程，以适应智能生产快速、动态的要求。

在实际操作当中，对于企业，我们其实可以看到大数据、需求提炼、柔性生产、仓储、物流、促销信息推送、销售渠道、配送、用户反馈这九个环节在影响和控制着企业的服务化新零售工作。

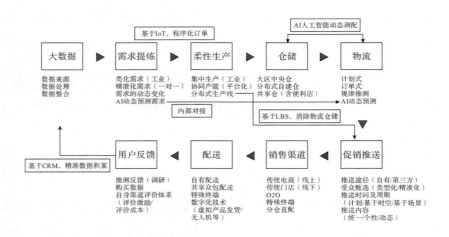

一个企业，如果需要建立自己的服务化新零售系统，就要根据上面这九个模块来综合建设。

我们在本书的第二章提到的完全的服务化、模块的服务化、阶段的服务化，即是建立在这个模型的基础之上的。企业可以根据自身的特征和优势，以这些模块为线索，逐步建立整条服务链。企业在哪里具有更大的优势，就先着重去建立完善那一个模块的服务化体系。在现在这种分秒必争、寸土必争的环境中，初期就大而全的可能性基本不存在，在一个又大又全但是基础薄弱的系统中，企业也很难正常运转、保持盈利。在投入大却无法良好运转且无法盈利的情况下，企业是无法长期坚持的。

所以我们强烈推荐初期步入服务化新零售的企业可以以模块化的方式逐步建立自己的新零售服务链。在服务链尚没有完全建成的阶段，可以将模块的具体功能作为产品和服务发挥作用，产生效益，并在运转过程当中逐步完善。这才是一条切合实际的成功之路。

在这里我们还是要不厌其烦地重申和强调，不论你的新零售从哪个模块开始建立，都一定不要忽略大数据这个核心的、根本性的模块。在建立和运转自己模块的同时，一定要不遗余力地去积累数据，建设自己的大数据系统，完善数据的管理、挖掘、应用机制。这才是在服务化新零售领域当中最值钱、最核心，也是最不可或缺的部分。

第04章

趋势·"新零售"在未
来如何发展及如何应用

这是一个开放式的章节。对未来，我们只有预演和判断，并没有确凿的实例来证明那一切是否真的会出现、真的会存在。所以我们在这个章节中简单为大家推演服务化新零售最终演化的状态，并为大家提供一些看起来可能的进入方式。

但需要提醒的是，无论我们提出的进入服务化新零售领域的方式如何，你都要根据自身企业和行业的特性，因地制宜、有的放矢地思考和规划自己的新零售模式。

另外，我们所说的服务化新零售，只是服务化的一种体现，而服务化又是创意传播管理理论体系中商业模式层面的一个部分。

我们下面所说的服务化新零售的终极状态，其实是数字生活空间发展到极致的一种状态，是这一领域最终的状态，对其进行描述也能使大家找准方向，看清目的地。

终极状态

数字生活空间发展到极致时，世界将是一个什么样子？我们可以设想一个没有任何时空阻碍的世界。随着数字技术的不断发展，一切都可以穿越时空进行，不论是沟通还是现实的生产和生活。当然，在这种环境当中，人们各种规模化的个性需求也将得到最大的满足。

那时的商业模式将会变成什么样子？经济体制将会变成什么样子？这些和我们的社会将变成什么样子是紧密相关联的。

商业将越来越具有计划性，越来越可以被计划。越来越准确的数据带来了越来越准确的预测和计划，而这种计划是可以极大限度地利用资源，减少浪费，并提高效率的一种机制。这和我们在20世纪90年代以前体验到的计划经济不同，这种"数字计划经济"是精密而真实的。

其实，早在2015年年底，陈刚教授就曾公开表述了"数字计划经济"这一概念和相关设想。随着数字化的完善，新的以数字技术为基础建立的去中心化的信用体系的出现和完善，以及公共服务领域的社会服务型企业的不断稳定和沉淀，我们会看到一个全新的世界，一个曾经被喻为乌托邦的、只存在于理想中的"数字共产主义"的世界形态。即一切都可以按计划进行、按需生产、按需分配、按需劳动，而且一切基础设施和社会服务都是在类似"区块链"体系的信用保障下公有化的。物质极大丰富、公有制、按需分配，这几乎可以认定是在数字生活空间中形成的"共产主义"了。当然，这种说法我们只在陈刚教授的内部课程和研讨中提到过，陈刚教授也曾提到"数字技术可能是离共产主义最近的一种技术",不可否认,这可能真的是我们即将面临的未来。

当前阶段的限制和进入机会

就目前的服务化新零售进程而言，我们还有很长的路要走。一些企业已经因为各种机缘巧合捷足先登了，如果我们从现在才开始，那么可能会比那些早进入服务化新零售的企业，迟几年甚至是十几年。如果我们作为后进者，可能会在之前讲过的各个模块中显得捉襟见肘，尤其是在一头一尾两大模块——大数据和精准渠道——中处处受制。这是一个跑马圈地、粗犷扩张的时间点，已经被占据的市场或者资源空间，后进者很难介入。

我们在服务化新零售发展的现阶段，还是看到了这样几个目前无法解决或者说没有人解决的问题。这既是问题、阻碍，也是机会。但很遗憾的是，我们在此也只能是为大家提出问题，并没有具体的解决方案。如果有，那么你看到的可能就不是两位老师在写书，而是两位亿万富翁在做分享了。但我们做不到，不代表各位读者做不到，所以我们把这些问题在本书结尾提出给大家，希望有人能够提出解决方案。

大数据平台难以打通

我们看到很多人尝试打通各种平台的大数据，但大都因为用户隐私或者平台自身的数据保护手段而无法实现。

如果是因为商业保护、经营壁垒无法打通的话，那么超多资金的介入或许会解决这个问题，比如阿里巴巴、腾讯，比如那些富可敌国的超大财团，它们或许能够以财务的方式来整合这些大数据。也就是说，当各个平台都变成同一家公司之后，也就不存在这种竞争防护和壁垒了。但事实可能远非如此。

所以还有另一个原因，即数据结构问题。也就是说，就像很多套独立发展的操作系统、电脑系统互不兼容一样，各个平台起初都以自己的方式积累大数据，即便大家愿意抛弃"门户之见"，也无法从技术上整合这些"语言"不通、系统不同的大数据。

幸好历史给了我们解决方案。在互联网全球化的初期，我们也看到了这样的情况，解决办法就是提出各种协议标准：或者在各种不同系统之间做"翻译"进行转化，或者大家约定，以一种通用的方式建立自己的大数据系统。所以建立一套翻译系统或者组织建立一套协议标准，或许是未来发展的基础。要知道，在互联网全球化的初期，设立这些基本标准并将之应用到现在的，往往不是什么超级大企业和规模庞大的机构。

人工智能的先天缺陷

我们看到的各种应用端的人工智能，其实都是在非常庞大的基础研究成果上建立的。而在全球范围内，由于经济回报少，做基础研究的机构和企业少而又少。没有了这些基础研究，人工智能在应用层面上就只能是"梳妆打扮"，没办法有什么实际建树。虽然这个领域进入难度很高，回报可能在短期内并不高，但却是所有人工智能的基础。在专利机制健全的情况下，建立底层基础研究的优势，也是可以创造很大商业价值的一种途径。

精准渠道的争夺和混战

目前的精准渠道领域可以说正处在战国时代，因为空间还很大，未知的领域还很多。在这里没有规则，没有对错，也没有输赢，即便是某些大财团、大企业举重金进入的地方，也没有人能够保证那就是未来。所以，我们还是可以基于对数字生活空间的分析和理解，以及对未来发展趋势的判断，进行精准渠道的建设。我们都知道，从古至今，渠道为王，掌握了渠道，基本就可以"此山是我开"地收取利润了。需要提示的是，在数字生活空间当中，渠道真的不仅是便利店，渠道的形态有很多，原则却只有一个——精准触达。

所以，在这个数字生活空间初步建成，服务化新零售方兴未艾的时代，我们的机会和挑战共存，风险和收益共在。了解自己、把握资源、认清形势，才是摸着石头过河的不二法门。

结 语

　　终于写到结语了。这就像学生复习了半年终于要迎接考试了一样，有一种大功即将告成的喜悦，但是又隐隐约约觉得，好像有些东西没看，有些功课没做，有些地方还没说清楚。

　　事实可能的确如此。本书的大部分内容是在 2018 年 4 月前完成的，后面大概有 5 个月，我们都在等待并寻找典型案例。然而案例有时候要"佛性遇见"，不是说找就能找得到的。

　　书里面的案例，其实也不能覆盖整个行业的方方面面，于是在书写得差不多了的时候，我们两个作者和出版社的编辑同志想到，其实这本书还可以是一个开放性的沟通平台，在日后我们还是要陆续发布案例，发表论文，以及争取每年出版一套服务化新零售的案例大集。

我们在本书的开头设置了全书检索的二维码，在书的结尾设置了可供大家交流讨论的平台。大家大可以随时找我们，和我们一起研究和探讨最前沿的中国服务化新零售。这一定是大势所趋。

我们国家并没有"红旗法案"①，我们的互联网和新经济的发展已经是并且未来一定更是全球的领先者和典范。我们特别希望能为各位读者的奋斗和努力提供一些绵薄之力，也希望可以尽我们所能，帮助大家找到自己的服务化新零售模式。

天下没有不散的筵席，但是却有不散的社群。围绕着服务化新零售，我们这本书和各位读者的缘分才刚刚开始，好戏还在后头。

让我们一起加油。

---

① 1865 年，英国议会通过了一部《机动车法案》。其中规定：每一辆在道路上行驶的机动车，必须由 3 个人驾驶，其中 1 个必须在车前面 50 米以外做引导，还要不断摇动红旗为机动车开道，并且速度不能超过每小时 4 英里 (约每小时 6.4 公里)。这个法案严重阻碍了英国汽车工业的发展进程，遭人诟病，被人们称为"红旗法案"。

致谢

本书承蒙以下企业、团体和个人给予的极大帮助和支持，我们无以为报，只能在此提出诚挚和衷心的感谢，并以本书为成果来报答大家。

首先，我们要感谢本书的理论基础——创意传播管理（CCM）理论的提出者，北京大学的陈刚教授。陈刚教授早在 10 多年前就发现并发表了创意传播管理理论，受到当时的科技、案例等发展的制约，很多人没有办法接触和了解创意传播管理理论的精髓部分。我们也是在创意传播管理理论的指导下，沿着其中的一个概念方向进行研究和发展，找到并拓展了服务化新零售这个方向。所以说，如果没有陈刚教授的创意传播管理理论，就根本没有这本书。在此，作为学生和晚辈，我们对陈刚教授表示衷心的感谢和无以复加的敬仰。

感谢格局商学。请注意是格局商学，不是格局商学院。格局商学作为一家独立运营的商学院，有着非常多的北大基因。在本书的构思和布局阶段，格局商学为我们提供了很多与行业领导者、学术名人以及业内专家交流的机会，并且在我们一个字都没有写出来的时候，就利用格局商学全国各地百余家分校的资源，帮助我们以公开课的方式进行推广介绍，这使我们在后面寻找案例，进行行业状态调查的时候，获得了不小的支持。

感谢良品铺子，尤其是良品铺子的高级副总裁赵刚博士。赵博士在我们写本书案例部分的阶段，给予了我们巨大的帮助。在保密条例和商业机密允许的范围内，赵博士和他的团队给我们非常详尽地介绍了良品铺子对新零售的布局、思考，以及做出的业绩和第一手经验。这对我们丰富这本书的内容，有着非常重要的实践意义。在此期间，我们也真实地看到了良品铺子在新零售上的前瞻性、先进性、可行性和落地性，这是在我们视线所及范围中极其具有代表性的新零售案例。

感谢清博大数据，尤其是清博大数据的 CEO 郎清平老师。本书中基于大数据的案例、思考，以及苏宁智慧零售的案例资料，都来自于清博大数据。清博大数据在多年的大数据开发、研究、应用以及教学当中，有着十分深厚的理论根基与数据积累。也在对全网，甚至是我们所说的整个数字生活空间的数据抓取、分析等项目上有着卓越的作为，为我们丰富新零售大数据这块内容提供了重要的基础支持。

最后，还要感谢黄橙广告集团。在本书撰写的中后期，黄橙广告集团和我们成立了 OML 营销实验室，并为我们提供人员、运营和资金支持。黄橙自 2002 年成立至今，一直在营销传播领域稳扎稳打，做一般广告公司不愿介入的、成本高、利润少的市场研究，在消费者研究、新品开发等基础项目上帮助企业客户成长，解决阶段性问题。其实，这也是黄橙广告集团在广告行业这么多年风雨飘摇的动荡中，还可以运营良好并不断壮大的原因。

　　当然还要感谢浙江大学出版社，如果没有出版社同志们的策划和不厌其烦的督促，我们的书也不会这么快写完并且和大家见面。

　　要感谢的人很多，所有帮助过我们的人，我们都在此表示深深的感谢，并且永远把这份谢意留在心里。

　　众人拾柴才能让新零售的火焰节节升高，众多参天大树的扶佑才使我们这棵刚破土的小树苗有长大的机会。在此，我们再一次感谢所有帮助过我们的人。谢谢大家，深深鞠躬！

王超

2018 年 8 月 30 日于杭州

持续的交流

我们认为，这本书仅仅是我们和大家交流的开始。所以如果你有任何与创意传播管理、服务化以及服务化新零售相关的想法和问题，都欢迎和我们保持交流和沟通。

如果条件允许，我们会在以下沟通平台中建立服务化新零售社群，并应大家的需求，进行不定期的线下交流。

我们在喜马拉雅上建立了沟通阵地——喜马拉雅服务化新零售圈子。你可以直接注册喜马拉雅帐号，然后在圈子里，以论坛方式进行留言、提问，我们将及时回复。

服务化新零售
长按识别二维码，加入喜马拉雅圈子

　　有一些具体问题，你可以直接给我们语音留言，我们将以

语音方式为你回复。

　　等待你的来信。